松本清張の昭和史

保阪正康

中央公論新社

はじめに――いま、清張史観を問い直す意義

作家は時代の呼気と吸気が自らのそれと合致するとき、使命感にとらわれるのではないだろうか。たとえば森鷗外である。軍人社会で相応のコースを歩みながら、しかしその人生だけでは満足せず、『大塩平八郎』や『堺事件』といった自らの同時代に近接する時代の史実を題材に作品化している。その胸中の創作意欲は、単に物語作家の域にとどまるのではなく、時代が発している呼気と吸気に自らの存在を確認する意思があったように私は思う。

松本清張という作家は、時代が吐き出すファシズムや軍事主導の空気に驚き、かつ慌てながら、しかし庶民として大正、昭和のある時期まではその呼吸に自らも合わせようとしていたのだろう。あるいはその空気に自らも馴染《なじ》ませようとしていたのだろう。大方の庶民は大体がそのように生きてきたのである。

戦争の時代が終わり、表面上ではいわゆる戦後民主主義の理念による「平和」を呼号する時代に入った。戦後復興がひとまず果たされた昭和三十年（一九五五）頃に作家としてデビューした

松本は、二つの意味でその作家生活に新しい道筋を作る役割を与えられた。

ひとつは既存の文学の枠を解体する役割である。もうひとつは、国民にはまったく知らないところで半ば暴力的に作られた事件・事象を国民にわかりやすく提示することであった。

むろんこれはこの時期の作家、評論家の誰かに託されたのだが、松本は結果的にこの役を引き受けた。そして歴史的に二つの役割を果たしたと言ってよかった。私はその点に、松本の存在の重さを感じてならないのである。

二つの役割を果たした作家はほかに見あたらない。いや松本は単に作家というだけではなく、古代史や近現代史の探究者であり、かつまた研究者でもあった。その視点や洞察の深さは、生活感覚を土台にした独特の視点を確立するに至ったほどであった。いわばこれが清張史観というべき意味を持ったのであった。

この二つの役割を改めて分析してみると、意外なこともわかってくる。まず初めの文学の枠組みの内容を根本から変えることに成功している。どういうことかといえば、松本清張の前は、いわゆる探偵小説というジャンルがあり、主だった作家としては江戸川乱歩や高木彬光、さらには木々高太郎などがいた。大体は一人の探偵が事件を解決するというストーリーで、いわば大衆小説の中で相応の位置を占めていた。

私が小学生の頃（昭和二十年代になるのだが）の『少年』という雑誌では、江戸川乱歩の作品に登場する明智小五郎などが、探偵としてよく知られていた。難解な事件に探偵が推理と想像力を働かせて解決していくというのがお決まりのストーリー展開であった。むろんこのジャンルは大人の読み物である中間小説の月刊誌などでも大いに人気があったのだ。

松本清張の小説は、この分野を解体して新たな息吹を持ち込んだ。いわば探偵小説という語を小説の枠組みの中から取り去ったのである。いや、もう少し明確にいうならば「死語」にしてしまったのだ。そういう解体の役割を果たした初期の文学作品は、たとえば『点と線』『張込み』『砂の器』『眼の壁』などを見てもわかるとおり、ごく普通の庶民の日常生活の中でストーリーは展開していく。特別に探偵がいるわけではなく淡々と展開していくストーリーの中に、私たちの日常生活を支えている道徳や倫理が意外に脆く崩れる様が風景として描かれる。

松本の並外れた筆力は、戦後日本の社会を幾重にも描くことで私たちに不条理を教え、不気味な存在に気づかせることになった。そういう小説は社会派推理小説と言われたが、誰がどのように推理するか、松本はその推理の主体も登場人物に託すために、私たち自身が時に主役になって読んでいることに気がつくのだ。その巧みさが清張文学の華であるとも言えるのではないだろうか。

本書は松本清張の文学に触れる案内書ではないから、これ以上は深入りしないが、実はこの松本の社会派推理小説が探偵小説を解体したように、清張史観の昭和史シリーズもまたあるものを解体し、ある分野を確立する形になっているのである。それが前述の二つ目の意味するところである。

では昭和史の記述、内容整理、あるいは分析で、松本清張の果たした役割とはどのようなものだったのか。これが歴史的であるという点では、次の三点を指摘しておかなければならない。

一、史実を基に実証的にわかりやすく説明している。
二、調査、取材、分析などで従来の手法を超えた。
三、演繹《えんえき》的見方からくる思想的解説からの脱却。

一言で言えば、昭和史を歴史の枠組みから外して、私たちの生きた時代の事件・事象をありのままに、提示してみせたのである。むろんそのような試みは松本より前にまったくなかったわけではない。事件の一部の資料や証言を元にノンフィクション風にまとめられた作品はすぐに指摘できる。たとえば昭和二十八年度の直木賞を受賞した立野信之の『叛乱』は、ドキュメント小説と評されたが、それは二・二六事件を今でいうノンフィクション的手法で書いた書であった。こうした試みは単発的に行われていたにせよ、前述のように三点をそろえて挑んだ作品を系統だって書く作家は存在しなかった。

一方で学者や研究者による著作は、資料に基づきながらもその歴史観を前面に出した通史として描かれるのが特徴であった。二、三の例を挙げるならば、昭和三十年に刊行された『昭和史』

（岩波新書）はベストセラーになったが、この通史は日本のファシズム体制の侵略性を演繹的手法で暴いた作品で、いわゆる唯物史観で説いた書であった。

これに対して「この著作には人間の顔が描かれていない」との反論も起こり、その後には、竹山道雄の『昭和の精神史』や亀井勝一郎の『現代史の課題』などが著されている。

しかしこうした著作は、いわば知識人の枠組みにおける歴史観の問題であり、もっと実証的に庶民に「昭和史はどのように動いたのか」を教える良書はなかったのである。

一体にと言っていいのだが、昭和二十年八月十五日までの昭和史の史実は詳しくは国民は知らされていなかった。厳重な言論統制下にあったためでもある。知らされていないだけではなく、知ろうとする行為さえ罰則の対象になった。敗戦はその軛《くびき》からの解放を意味した。言論の自由が保証され、東京裁判などでも史実が次々に明らかになったのである。

軍事を中心とした支配機構がいかに理不尽な振る舞いを続けて、国民を戦時体制に追い込んだかが具体的に明らかになった。その役割を果たしたのが、新聞記者たちによる「昭和史もの」であったと言っても良いであろう。昭和二十年代の初めになるが、森正蔵の『旋風二十年』である。新聞記者たちの書いた通史がすぐにベストセラーになる時代であった。これらの書は、思想性よりも史実の内容、合理よりも不合理が幅を利かす戦争に至る日本社会が描かれている。ベストセラーになるのも当然であった。こうした歴史的流れや社会的期待感が、松本清張が生まれる環境を醸成していったという意味になる。

昭和三十年代半ばから、つまり「六〇年安保闘争」の政治の季節を終え、経済の季節に入り、日本社会がある種の落ち着きを見せ、じっくりと事象に向き合い、より詳しく昭和史を見つめる姿勢が固まってきたのである。そこに前述の二つの役割（文学上の新たな使命、昭和史解明の旗手）が必要となり、松本清張に白羽の矢が立ったのである。戦後の歴史研究が国民レベルに落ち着いてきた段階において、松本はその牽引役になったと言ってもよかった。

すでに記したが、松本は昭和史の記述にあたり、三点の役割を貫いた。本書はこの三点がいかに「松本清張の昭和史」たり得ているかを伝える書だと言ってもいい。

この三点を貫くことで作家の顔とは別の、昭和史探求者の新しい方向性を指し示すことになった。没後三十年を経て、松本の昭和史はノンフィクションの分野でやはり先駆的な意味を持っていると、私は実感する。改めて『昭和史発掘』や『日本の黒い霧』を読み直してみて、総体的に今日的な視点も感じられる。いや私たちに現実の風景の背後に隠されている本質は何か、を教えているように思う。たとえば二・二六事件の背景は、この国の軍事主導体制の心理的側面に重大な欠陥が潜んでいることを教えている。松本は、決起した青年将校は天皇制国家の心理的犠牲者と見ている節もある。

同時代の目ではなく、歴史の目で読むことが重要になっている。

同時に松本の手法を祖とすることで次代のものが追随していく形になっていることも確認する

必要がある。私はこの後継者の筆頭に半藤一利氏をあげる。

半藤は文藝春秋社の編集者として、松本清張の担当でもあった。気心は知れている。休日には自宅が近かったので、よく訪ねてくるように言われたという。その後半藤は、昭和の語り部に転じて清張史観や松本が描いた昭和史ノンフィクションの継承者になっている。つまり前述の三条件を忠実に守り、昭和史をノンフィクションのジャンルの一分野に定着させた。

清張の『日本の黒い霧』、さらには『昭和史発掘』『北一輝』『宰相論』など一連の昭和史ノンフィクションについては、書かれた時代による限界もあり、あるいは清張史観の濃淡により時代性に欠けるものもある。しかし『昭和史発掘』における各事件、各事象については、その先駆的作品として私たちは戦後社会の貴重な遺産として継承していくべきであろう。

半藤一利は志を共にする者を集めて「歴史探偵団」という勉強会を長年にわたって続けてきた。私もその仲間である。むろんこの会は松本清張の意思を継ぐことを目的にしているわけではない。しかしその精神の何分の一かは清張の歴史ノンフィクションの継承を各人が自覚しているように思う。私はその志を大切にしたいと思っている。それは前述の三点を守り抜くことだと信じているからである。

目次

第Ⅱ部

装幀　岡本洋平（岡本デザイン室）
カバー写真　二・二六事件後、東京・青山付近を巡察する鎮圧部隊小隊（提供・共同通信社）

松本清張の昭和史

第Ⅰ部

プロローグ

時代の「記録者」としての自立

初めに私的なことから語っておきたい。昭和四十七年二月、私は処女作『死なう団事件――軍国主義下の狂信と弾圧』を上梓した。三十二歳のときであった。死なう団事件とは、昭和十二年二月に国会議事堂前、宮城前など五ヵ所で、五人の青年が「死のう！　死のう！」と叫んで切腹自殺を試みた事件をさしている。結局、これは未遂に終わったのだが、事件を起こした死なう団（正確には日蓮会殉教衆青年党）の団員がなぜこのような行動に走ったのか、三十五年後のこのとき、当時の団員を探しだし、その証言や資料をもとにドキュメント風にまとめたのである。

この書は私の処女作であると同時に、事件の当事者への取材を通して、私自身が「人間」を学ぶ貴重な体験を積んだ。この書を刊行するにあたって、版元では松本清張の推薦文があると、営業上、大いにプラスになると考えた。当然であったと思う。当時、松本は単に推理作家というだけではなく、『日本の黒い霧』を通じて、日本の戦後の闇を描きだし、前年の昭和四十六年までは「週刊文春」誌上で『昭和史発掘』を連載して、新しい史実を次々と発表していたからだ。

出版社の社長は文藝春秋社の友人を通じて、松本にゲラを届けた。私はそのことを後に出版社から聞かされたのだが、当時の私は、松本が推薦文を書いてくれるなどまったく信じることはできなかった。松本は大きな山のような存在で、私はその山の登山口にむかって歩きはじめているというような存在だったからだ。このゲラを読んだ松本から推薦文が出版社に届いた。それは次のような一文であった。

昭和前期の現代史を書きたいという念願がわたしの『昭和史発掘』となった。いま、われわれが立っている地点を定めるうえに、この時代は大変重要だ。この『死なう団事件』は、五・一五や二・二六事件の陰であまり目立たないけれども、非常に興味ある事件であり、戦前の警察国家の下で、一般民衆がどんな不安を抱いていたかをまざまざと示している。

著者は、事件関係者への入念な取材と豊富な資料によってこの事件を記録している。新進気鋭の記録者として、今後の活躍が期待できる人だ。

この推薦文を読んだときに、私はこれで人生が開けるという印象を持った。頂上に立っている大作家が、これから山を登りはじめようとする私にこのような推薦文を書いてくれたということに、「恩義」の念を抱いた。

私は松本の書く推理小説のファンではあったが、何から何まですべて読んでいたわけではない。しかし、昭和四十年代当時の日本社会で、もっとも売れっ子作家の一人であるということは、それだけ時代を的確に描写し、その底流に何か不気味な流れがあることもきちんと整理しているような作家と私は受けとめていた。だからこそ、『昭和史発掘』という作品を書いていた松本がこの死なう団事件に関心を持っていてもおかしくないという自信が生まれた。

私はこの松本の推薦文でとくに二ヵ所に強い関心を持った。

ひとつは松本が、われわれの立っている地点を定めるうえで「昭和前期」が重要な意味を持つと認識していることを知ったことだ。つまり、今私たちがどこに立っているかを確認するとき、昭和前期をよく検証しなさいとの忠告を発していたのである。

もうひとつは、「記録者」というジャンルをつくりあげることが可能だという指摘であった。松本がここで使った記録者というのは、記録作家、あるいは評論家という意味ではなく、まずは史実を的確に追いかけることが重要で、そしてどのような判断をするにせよ、史実そのものを忠実に把握する、それを行うのが「記録者」の役割ではないかということを私はこの推薦文のなかから感じた。

礼状を緊張しながら書いたことを今でも覚えているが、そのときの記憶を呼び起こすならば、『記録者』という道を、それも昭和前期の、昭和二十年八月十五日までの『昭和』という時代の現代史を検証する道を歩みたいと思います」という意味の返信を送ったように思う。

そのときから五十年以上の時間が過ぎている。私にとって、緊張しながら書いた礼状の内容は、この期間に私自身を励ますひとつの材料になっていた。私は、松本のような記録者、つまり史実をきちんと整理し、謙虚に向かい合う道を歩み続けていきたいと願い、そして、彼の何分の一かではあるけれども、そのような道を歩いてくることができたように思う。

このような縁を松本から受けたことは私なりのひそかな誇りであった。と同時に、昭和史に限らず、史実というものは、だれかが犠牲になることで、つまり一生かけて丹念に整理されていくことが必要だと思う。関係者に誠実に当たり、証言を取り、そして史実というものを確認していく作業はきわめて重要である。この作業は検事や判事の仕事とはまったく別であって、さらに歴史的な視点に立って演繹的な手法で何かを断罪するという道を目指している論者とも一線を画する。史実に対して謙虚に向かい合う。そして、その史実を通じて歴史を支えている人間を見つめていくというのが、松本の推薦文から受け取った私なりの歴史観になった。

大正十年からはじまる「プレ昭和」

松本清張の昭和史は、「清張史観」というべき言葉で語られるような基軸が確かにあると思う。それはどのような軸だろうか。私と松本とは世代がちょうど父と子の世代にあたる。ちなみに明治四十二年生まれの松本と私の父は同年代である。『昭和史発掘』で取り上げた事件や事象で見ていくと、「陸軍機密費問題」「石田検事の怪死」「朴烈大逆事件」といった大正期の事件が最初に取り上げられていることでわかるように、松本の世代は昭和は大正末期からはじまると解しているように思う。こうした感覚はやはり同時代を生きてきたがゆえのことだからであろう。大正末期のこうした事件や事象のなかに、すでに「昭和」は存在していたというのである。

それに対して私は、昭和二十年八月十五日に戦争が終わったときは五歳でしかなかったからさしたる記憶はない。したがって私は、昭和前期を自覚して生きてきたとはいえない。

しかし、昭和前期を自覚して生きてきたわけではないということが、逆にこの時代を記録として残すという情熱の支えになっている。それが検証し記録するという作業に取り組んだ動機ではないかとの自覚になっている。私は、昭和前期を生きてきた同時代人、たとえば政治家、軍事指導者、庶民を訪ね歩き、「あなたはどのようにあの時代を生きてきたのですか」ということを問うてきた。

なぜあの時代にこだわってきたのかと問われると、昭和前期のように、人類史が体験してきたあらゆる現象が詰まっている時代は二度と起こり得ないと思うからと答えてきた。戦争、敗戦、占領、侵略、軍事的勝利、他国の植民地支配、テロ、クーデター、革命騒動、そして貧しさ、豊かさ、宗教を持たない日本人の狂信的な君主への信仰……。そういったものが昭和前期にはすべて凝縮している。

今わたしたちは気がつかないが、この昭和前期は五十年、百年という単位で見れば、好むと好まざるとにかかわらず検証される宿命を持つ。つまり、一九二六年から一九四五年という昭和前期において、日本人は何を考えて歴史的な事象と向き合っていたのか。もっといえば、なぜ戦争が起こったのか、その戦争はどのような考えで戦われたのだろうか、そしてどのような総括がなされたのだろうか。こうしたことは、五十年、百年という単位で見れば、必ず精査されるに違いないのだ。そのときに備えて私は、この稀有な時代を生きた人たちの証言や資料、そして昭和前期の時代様相を正確に残しておきたいと思う。それは松本がいみじくも指摘したように、時代の「記録者」としての私の自覚である。

逆に松本は自らが生きた時代、とくに大正時代に少年期を過ごし、昭和に入って青年期をむかえたわけだが、その時代の空気のなかに身を置き、一庶民としての生活を過ごしてきた。それが作家という立場になってから、自分の生きてきた時代は何だったのか、この時代を自分なりに総括したいという姿勢で、昭和史の発掘に取り組んだのだと思う。

実際に、松本は「私観・昭和史論」（『文藝春秋』一九八八）という文章では、昭和について冒頭でこう書いている。

昭和の元号は一九二六年からはじまるが、もちろん歴史は水の流れのようなもので、年表どおりには区切れない。一九二一年（大正十年）二月十日「宮内省、宮中某重大事件につき皇太子妃の婚約に変更なしと発表」の時点をとりあえず「プレ昭和」としたい。

昭和史の枠組みを考えるとき、大正十年の時点に昭和という時代の枠組みを持ち込んでもいいのではないかという見方を示している。松本は同時代史のなかで、「昭和」というのは昭和そのものを指すのではないと理解していたのである。

さらに『昭和史発掘』『日本の黒い霧』を見ていくと、どのような事件を作品のなかで選んでいるかというのが重要な鍵を持っていることに気づく。一般の歴史に刻まれる重要な年譜とは別に、松本が選んだ昭和史の記録という点が重い意味を持っている。

松本は五十代に入ってから、かつての時代様相を丹念に描いていった。自伝、回想・回顧録、評伝、人物論、現代史論などからはじまって、各種の公文書、あるいは取材での証言まで含めて、時代様相を把握するためのアプローチは実に多岐にわたる。一方、当時の学問領域ではもっぱら文献資料に基づくアプローチ、あるいはその解析といった形を採っていた。

松本は『昭和史発掘』という代表作を通して、現代と歴史、組織と個人、支配と被支配といった軸を描きだすのに先駆的な道を開いた。『昭和史発掘』は、その扉を開けたという意味でアカデミズムが成し得ない貴重な意味を持っていたのではないかと思う。松本は、『昭和史発掘』(全十三巻)が昭和四十年一月に刊行をはじめたとき、「著者のことば」として、次のように書いている。

昭和前期の現代史を書きたいというのが私のかねてからの念願だった。われわれの立っている地点を見定める上からも、この時代は大変な時代である。そのため今日的視点に立って、できるだけ底流から材を拾うようにした。

この文章が私の『死なう団事件』の推薦文とほとんど同じだということに気づかされる。松本のなかで、昭和前期の現代史を書くということは、自らが時代とともに生きた作家であることを確認する使命感に基づいていた。

本書において、『昭和史発掘』『日本の黒い霧』を私なりの目で分析していくが、その分析の軸にあるものは松本へのこうした見方である。そのことを初めに明らかにしておきたい。

第一章　昭和前期と『昭和史発掘』

自らの同時代史に取り組む

松本清張が「週刊文春」において、『昭和史発掘』の連載をはじめたのは、昭和三十九年七月六日号からである。この連載は延べ七年近くに及び、四十六年四月十二日号までつづいた。最後に取り上げたのは「二・二六事件」であるが、この『昭和史発掘』で扱った事件・事象は以下のような順序になる。

①陸軍機密費問題、②石田検事の怪死、③朴烈大逆事件、④芥川龍之介の死、⑤北原二等卒の直訴、⑥三・一五共産党検挙、⑦「満洲某重大事件」、⑧佐分利公使の怪死、⑨潤一郎と春夫、⑩天理研究会事件、⑪「桜会」の野望、⑫五・一五事件、⑬スパイ〝M〟の謀略、⑭小林多喜二の死、⑮京都大学の墓碑銘、⑯政治の妖雲・穏田の行者、⑰天皇機関説、⑱「お鯉」事件、⑲陸軍士官学校事件、⑳二・二六事件。

このなかで実際に昭和期の事件に材を取ったものは、「芥川龍之介の死」以後で、それ以前の「陸軍機密費問題」「石田検事の怪死」「朴烈大逆事件」は大正末期の話である。とはいえ、すべて昭和に影を落としている。そして回を追うにつれ、「芥川龍之介の死」「北原二等卒の直訴」「三・一五共産党検挙」「満洲某重大事件」と昭和初年代の年表に刻まれている事件に進んでいく。

この二十の事件や事象は、昭和史のなかでどのような位置づけをされるのだろうか。明らかに一般に刻まれている年譜とは異なっているのだが、ここに取り上げられた事件や事象が、松本が同時代を生きた者として関心を抱いたテーマだったということになる。

文藝春秋社で『昭和史発掘』の担当編集者だった藤井康栄は著書『松本清張の残像』(文春新書)のなかで、「『昭和史発掘』は(中略。松本が)五十代半ばから六十代にかけて、脂ののりきった時期に全力投球して自らの同時代史と取り組んだ成果である」と書いている。また昭和前期は松本の年譜と重ねて見ると、ちょうど彼の青春期と一致していると指摘する。

高等小学校を終えて社会の一員として働き始めてから、結婚して新聞社の仕事をするようになるまでの期間である。情報の乏しかった川北電気の給仕時代、そして印刷所の職人時代とぴったり重なるのであった。

朝日新聞の社内にいれば、いくら職種が違っても時代の変化が伝わる情報はあっただろう。あれだけ熱意を込めて昭和前期のもろもろに立ち向かったのは、あの時期の日本を本当に知りたかったのだろう。自分が無我夢中で日に十二時間もの労働をこなして生活していた頃の日本社会の実相を詳細に解明してみたかったからだろう、と今は思っている。

これは松本をそばで丹念に見ていた編集者として、もっとも的確に表現された言葉なのだろうと思う。

清張にとっての昭和前期

松本は大正十三年に十五歳で高等小学校を終えた後、給仕として川北電気株式会社小倉出張所に勤めるのだが、この時代のことを「実感的人生論」という文章のなかで回顧している。松本は自らの人生哲学について公然と語ることは少なかった作家だが、この文章には注目すべき表現がいくつかあるように思う。

私のことを語らねばならない。私の学歴は小学校卒である。この小学校卒では私はかなり情けない差別待遇をうけてきた。しかし、小学卒ということで一度も自分が恥しいと思ったことはない。たまたま家が貧乏だったために上級の学校に入れなかっただけである。

そして、得意先に製品を届けたりするときのことを綴ったくだりで、

こちらの人格を認めてくれたほど嬉しいことはない。それも口の先だけではなく、心から「ご苦労さまでしたね」と云ってくれたら、こちらもどんなに希望と勇気とが湧くかしれないのだ。

一ばん残念なのは、人間的に差別待遇されることである。

と、青春時代にどんな立場に置かれていたかということを踏まえながら、人間と接するときは互いに優しさを持ち合うことが大事なのだということを説明している。

これは自らが給仕として多くの人と接したときに、自分を見つめる目のなかにさまざまな屈折したものがあること、それをバネとしながら日本社会が抱え込んでいた複雑な矛盾を実生活で自覚していたことになるのではないだろうか。

松本は昭和前期をどのように過ごしたのか、さらに松本を超えたところで、昭和前期とはいかなる時代だったのかということを初めに考えておかなければならない。

まず昭和前期とは、昭和二年から二十年八月十五日、あるいは九月二日までを指すというのが私の持論である。九月二日とは日本がミズーリ号で降伏文書に調印した日である。昭和前期については、各様の解釈が成り立つのだが、基本的には明治時代からつづく近代国家としての日本が選びとった国益・国権中心主義、軍事主導体制が解体していく時期といってよい。「解体していく」ということは、それだけの要因が、この昭和前期にもうすでに矛盾として拡大していたということである。また、国際社会においては、第一次世界大戦後のワシントン会議による協調体制の流れのなかで日本は昭和という時代を迎えている。

二十世紀前半の国際社会は、第一次世界大戦によって大きく変わった。この大戦は人類史上で初めての国家総力戦となり、それまでの限定された地域で兵士が戦うという戦争の形態が変わり、飛行機や戦車の登場、さらには毒ガスまで用いられることになり、非戦闘員の殺傷はもとより他国民の大量殺傷という時代に入った。さすがにここまでくると人類史の上では反省が起こり、戦争を避けるという国際的な枠組みができあがったのである。

反省を軸にした文化運動が各国で広まり、日本にもそのような文化運動（たとえば、白樺派の活動など）が起こった。

加えて一九一七年（大正六年）のロシア革命に象徴されるように、ヨーロッパにはマルクスのいう共産主義革命の運動も起こり、人類史は新たな段階に到達したともいえた。

こうした国際協調体制と革命運動のなかで、最初にこの枠組みに手をつけたのは日本であった。不幸なことに、昭和六年（一九三一）九月に起きた満州事変には、日本がそのワシントン協調体制に対する最初の造反者、解体者という役割を担わなければならないという歴史的な背景がある。その満州事変以後は、国内では五・一五事件、二・二六事件という形で軍事行動が表面化し、やがてそれが軍事主導体制の確立となる。そして、外に「大東亜共栄圏構想」、内に「臣道実践」を主論とする大政翼賛会主導体制が生まれ、昭和十六年十二月に対米英戦に踏み切って、解体が加速されていく。

このプロセスで昭和十二年（一九三七）七月、盧溝橋事件を契機に日本は中国へ進出し、日中間の戦争は泥沼化していく。さらに日本は十五年に、ドイツ、イタリアと三国同盟を結び、対英米関係が険悪化、一方でソ連に対しては中立条約を維持しながら、基本的には日本陸軍の仮想敵国はソ連であるということでその対立は深まっている。こうした情勢のもと、日本は偏狭なナショナリズムが顕在化していくことになる。外国との対立状態を自らの責任と省みるのではなく、国際社会での地位を妨害されるという被害者意識のもとで太平洋戦争に入っていくわけだ。それが解体までの大きな流れである。

二十世紀のなかで、日本が選択した道はいわゆる軍事主導体制という一語に集約されるのだが、ここにいかに非人間的な、あるいは非理性的な社会ができあがっていたかという認識が必要になるであろう。

松本の経歴を見ていくと、昭和五年に二十一歳を迎えるが、この年に徴兵検査を受けて、第二乙種補充兵になっている。第二乙種補充兵というのは、新兵としての教育は受けなくてもいいけれども、しかし召集の呼びだしがあれば軍事訓練を受けなければいけないとの立場であった。

その後の経歴を前述の藤井書や『松本清張事典』などを参考に記していく。

昭和二年に川北電気を人員整理で失職したあと、小倉の印刷工場に見習いとして職を得ている。松本青年は、昭和初年代の恐慌期はもっぱら印刷工場で働く一人の職工であった。昭和十一年十一月に佐賀県人内田健次郎五女と結婚をしている。

昭和十二年、二十八歳。印刷所を退職して、一度は自営に踏みきるが、十月に小倉にできた朝日新聞九州支社の広告部意匠係臨時嘱託として広告の版下を書くようになる。このような職を得たのは、まったく面識がなかった朝日新聞九州支社長の原田棟一郎氏に直接手紙を出した結果だという。

昭和十三年、二十九歳のときに長女が誕生。

昭和十四年、三十歳の折に、朝日新聞九州支社広告部嘱託になる。

昭和十八年、朝日新聞西部本社広告部の正社員となる。太平洋戦争がはじまって二年になるが、教育召集を受けて十月から三ヵ月間、久留米の第五十六師団歩兵第一四八連隊に入隊している。

そして昭和十九年六月、臨時召集を受け久留米の第八十六師団歩兵第一八七連隊に二等兵として入隊。第七八連隊補充隊に転属して、敗戦までの一年間を朝鮮で衛生兵として勤務した。駐屯地は京城市外の竜山だったが、ここで一等兵に進級している。

昭和二十年、三十六歳、歩兵第二九二連隊、第四二九連隊と転属の後、第一五〇師団軍医部付となり、全羅北道井邑《チェラペクトチョンウプ》に移った。そこで衛生上等兵に進級して、敗戦は韓国で迎えている。十月末、日本へ送還されて妻の実家佐賀県に戻り、そして朝日新聞社に復職したという。

このような経歴をなぞっていくとわかるが、松本の昭和前期は庶民の息づかいが集約した時代だったことがわかる。十八歳から三十六歳までの前半生には、作家につながる彩りはない。昭和四年に文学好きの友人がプロレタリア文芸誌を持っていて逮捕され、松本も一時留置されていたらしい。それを知った松本の父は文学に関心を持つことを厳しく禁じたというエピソードが窺えるだけだ。

松本にとって、昭和前期は日々の生活に不安を感じながら地に足をつけて生きることを余儀なくされた時代といっていいだろう。たぶん松本は、自らの周辺に起こることをいくぶんシニカルな目で見つめて過ごしたのではなかったかと思われる。

十八歳から三十六歳までは、時代に対する強烈な意思表示なども浮かびあがってこない。松本にとって昭和前期というのは、いわば日本のごく平凡な庶民の姿の反映であり、逆にいえば、多くの庶民がこのような形で昭和前期を生きたということである。そこに宿っている目は特別に違和感を持たれるほど奇異なものではないし、そして、その経歴から見る限り、松本の昭和前期というのは、昭和中期、後期に何かをなす基になるような体験も浮かんでこない。

ただ考えておかなければいけないのは、松本が作家になって多くの読者を獲得するというのは、独自の視点、感情、あるいは物事の分析力というのがあったはずで、彼がこの時代といかに対峙し、いかなる眼を養ったのか、私たちは松本の小説、ノンフィクション、あるいは評論から読み取る以外にない。

「底辺からの視線」はどこから生まれたか

松本は自らの生活信条や人生観といったことについて、ときに自伝的文章のなかで語っているのだが、なかでも興味深いのは、「一家の長としての責任」という規範をきわめて重く見ているという点である。

松本は「かなしき家の長たち」という短い文章のなかで、そういった感覚を率直に書いている。

いえのおさ——一家の主人であり、戸主であり、家長である。一家というからには妻のほか、子供が居るのが普通である。そのほか、老いた両親か片親、弟妹も含んでいる家族もあろう。

要するに、そういう一家の生活を支えている男（女もあるが、これは一般論である）を指すのが、常識である。彼は家族の生活を賄《まかな》い得るだけの収入を持っていなければならない。これは絶対条件である。それが無かったら、彼は家のおさの資格から外される。

彼は収入を得るために働く。官庁、会社工場などの勤め人、小資本の商人、大工、左官、日雇などの自由労働者（著述業などという者も自由労働者である）、田畠で働く農民など、職種は千差万別だが、とにかく或る職業をもって働くことにより、収入を得ている。

家族はその収入に頼って、生活を維持しているから、収入の獲得者である彼は、一家の中心であり、支柱であり、実力者である。

こういった日本の封建的な家族のありかたについて書いた後に、戦争が日本の旧体制下の制度に与えた影響の度合いについて書いている。

外来の自由主義思想と個人主義思想が明治末期から隆盛になっては来たが、思想だけでは封建的家族制度を完全に崩壊させることは出来なかった。その破壊を俟《ま》つには第二次大戦によって日本が敗残するという唯物的な現象に依らねばならなかった。

アメリカが日本を占領し、旧制度を破壊した。破壊に当っては効果を計算して共産党を利用した。封建的残滓《ざんし》を根強くもっていた古い日本は、急いで民主主義国となり、勢いの赴《おもむ》くところ、急激に共産圏に滑り込みそうになった。

明日にでも革命が起るのを信じたのは共産主義者だけではなかった。

このあとに独自の家庭論を展開していくのだが、私はこういった内容を読んでいくと、松本が持つきわめて素朴な生活感覚をこのなかから引きだすことができるように思う。

生活を成り立たせるということが、自立するための基本的な条件であるというような意識が松本のなかにはある。たしかに、松本が「虐げられている者の目」を持っていたことは事実であろうけれども、しかし同時に経済観念に関して、階級的視点といったものとは別に、人間関係の基本として理解されていなければならないとも感じ取っていたのではないかと思う。これが、松本の昭和前期を見るときのひとつの軸になっているとの感を抱く。松本はしばしば「底辺からの視線」という表現で語られるが、それはこのことをいうのではないか。

昭和前期という時代は、軍事主導体制のもとで、非人間的な、あるいは経済的搾取、侵略という事実に象徴されるような軍事的膨張行動が表面化するのだが、それは私たちの国の基本的に良質の文化、倫理、生活規範というものが解体する時代空間だったといえる。この解体する時代空間のなかで松本はどのようなことを感じ取ったのかというのが、私自身の松本に対する関心である。

これは松本を語るときにしばしば引用されるのだが、彼は『半生の記』のなかで、自らの兵隊生活について次のように語っている。

> この兵隊生活は私に思わぬことを発見させた。「ここにくれば、社会的な地位も、貧富も、年齢の差も全く帳消しである。みんなが同じレベルだ」と言う通り、新兵の平等が奇妙な生甲斐を私に持たせた。朝日新聞社では、どうもがいても、その差別的な待遇からは脱けきれなかった。（中略）
>
> 兵営生活は人間抹殺であり、無の価値化だという人が多い。だが、私のような場合、逆な実感を持ったのだ。

「教練の出席率」という短文でも兵隊生活にふれ、個人が常に確認されるということにより、「私が兵隊生活に奇妙な新鮮さを覚えたのは、職場には無い『人間存在』を見出したからだった」とまでいいきっている。

作家の半藤一利は、『清張さんと司馬さん』（文春文庫）のなかで、

清張さんにあっては、軍隊も平和な社会も、同じように不平等かつ醜悪なところなのです。大して変りはない。特権階級は特権階級なりに、下層階級は下層階級なりに、それぞれがエゴイズムを発揮して、相手を蹴落とそうとごそごそとうごめいている。自分もまたその成員です。そこにあるのは狡猾さと卑劣さと利己心ばかりで、そして競争に負けた弱者はつねに差別的な制裁をうけつづけている。よくいわれる清張さんの「底辺からの視線」とはそうしたリアリズムに立脚したものなのです。

と書いている。これはきわめて正確な見方のように思える。このリアリズムのなかに、私たちは自分を見出すのであろう。

『昭和史発掘』のテーマはいかに選ばれたか

前述したように、『昭和史発掘』では二十のテーマが取り上げられている。これらのテーマがどのような形で選択されたかについては、藤井康栄の『松本清張の残像』で、その舞台裏が明かされているのだが、それによると、テーマは編集部と松本の間で調整しながら決めていった節がある。たとえば連載の一番初めに取り上げられた「陸軍機密費問題」について、藤井は次のよう

な書き方をしている。

第一話に想定したのが、田中義一の「陸軍機密費問題」である。長州出身で出世街道を驀進し、元帥を約束されたエリートの陸軍大将がなぜ、その本来のコースをあっさり捨て、機密費三百万円を持参金として政党入りなどしなければならなかったのか？　そこまでして政党の総裁になろうとしたのは何故だろうか。

戦争中に小学生だった私は、軍人全盛の時代から戦後社会への劇的変化を知っている。大正末期から昭和にかけての時代の特質を描き出すのに、これは恰好のテーマかもしれないという直観があった。田中義一の個人的資質というよりは、なにか大きな時代のうねりのようなものが底流にあるのだろう。少し調べて見ると、この陸軍機密費に関する告発事件はなかなか面白そうなので、とりあえずここを導入部として、資料を集めてみようと動きだした。

これを松本に伝えたとき、藤井が取材をしてくるデータについて、さしたる関心を示さずといっていいのだろうが、当初は淡々と仕事を引き受けるといった形で進めていったように見受けられる。

つまり、このようなテーマは、必ずしも松本が選んだわけではないが、しかし特別に拒否感情を持っていたわけではなく、出版社側が示したテーマに即応しながら（当時、松本が多忙ということもあったろうが）、そこに集まってくる資料を基にして仕事がはじまったという言い方をしていいのだろう。

初めは松本自身が、昭和史とはこのような事件によって成り立っているというような強い意識を持っていたわけではなさそうである。庶民の目で時代を見ていたわけだから、個々の事件について内実を詳しく知っていたとは当然いいがたい。

したがって、これらの事件についてその概要は知っていたにせよ、編集者が集めてくる取材データや資料を読み、個々の事実を深く検証していくうちに、松本の目が刺激されていく形で『昭和史発掘』の二十の題材が編まれていったのではないだろうか。そこでこの二十のテーマを素朴に分析してみることが必要だろう。

松本は昭和四十年代の時点で、自分たちがどこに立っているのかを確認するために昭和前期という時代を見なくてはならないといったわけだが、その言葉の背景には、日本人の感性、規範、物の考え方というのは、戦争やそれに伴う大きな社会現象があったにせよ、その骨格は変わっていないとの基本的な認識を持っていたのではないだろうか。

軍事的テーマと非軍事的テーマ

『昭和史発掘』の二十のテーマを見たときに、私が素朴に感じるのは〝ごった煮〟のおもしろさである。私たちが年譜で知っている事件もあれば、ほとんど知られていないような事件もある。

あるいは事件の内実がどのようなものであったかという興味が持たれるにせよ、それを調べるよすがもなく放置されて年譜の一行に納まっているものが含まれている。

「軍事的テーマ」と「非軍事的テーマ」

軍事的テーマ
陸軍機密費問題
北原二等卒の直訴
「満洲某重大事件」
「桜会」の野望
五・一五事件
陸軍士官学校事件
二・二六事件

非軍事的テーマ
石田検事の怪死
朴烈大逆事件
芥川龍之介の死
三・一五共産党検挙
佐分利公使の怪死
潤一郎と春夫
天理研究会事件
スパイ“M”の謀略
小林多喜二の死
京都大学の墓碑銘
政治の妖雲・穏田の行者
天皇機関説
「お鯉」事件

しかし大きく分類すれば、この二十のテーマは、いくつかのパターンに分けることができる。そのひとつは、別表のような「軍事的テーマ」と「非軍事的テーマ」という分類法である。もうひとつの軸は、庶民の生き方を検証する目と、庶民を動かした権力中枢内部を見つめる視点の区分である。

個々について見ていくと、たとえば「陸軍機密費問題」というのは明らかに軍事的なテーマであり、権力中枢内部のテーマである。

二番目に取り上げられた「石田検事の怪死」については、まずこの事件について詳しく理解していた者はほとんどいないといっていいのではないかと思われる。「石田検事の怪死」とは、大正十五年十月、陸軍機密費問題や朴烈事件に端を発して右翼から抗議を受けたり、さらに松島遊郭問題など政党や軍部が絡んだ事件を扱っていた東京地裁次席検事の石田基が、東海道線の大森、蒲田間の線路脇に轢死体で発見されたという事件である。警察や検事局は死体発見時から事故死を主張した。実際に遺体にも前夜の行動にも不審な点が多かったからだ。しかし司法当局の捜査は大きな壁に阻まれ、石田検事は政治に殺されたともいわれる事件である。松本は下山事件とも似ていると書いている。

正義感の強い検事が事件を追っていけばいくほど、不透明な部分にぶつかり、そして何らかの力によって謀殺されるということを「怪死」という言葉で松本は語ったわけである。これは明らかに非軍事的テーマに分類されるものだが、しかしその背後には軍事的な意味があると見ることもできるのではないかと思う。松本は権力中枢内部を庶民の目で描きだしている。

さらに「朴烈大逆事件」は、関東大震災直後に検束されたアナーキストの朴烈とその妻である金子文子が、摂政宮暗殺を計画したとして起訴され、大審院によって死刑判決が下されたが、確固とした意志を持った二人の自白を引きだすことができず、判事が懐柔策として二人を引き合わせ、その際の抱擁している写真が流出して政治問題に発展した事件である。

これに関しても、非軍事的テーマに属するものなのだが、その背後には政治や軍部といったものが絡んでくる。

非軍事的テーマに潜む軍事の影

こう見てくると二十の事件には、共通点がある。それらを注意深く見ていくと、私たちは松本の時代感覚を知ることができる。

こうした非軍事的テーマに分類される事件（社会的事件といってもいいのだが）は、私たちの国が昭和前期という時代に抱え込んでいる病根、具体的にいえば情報が閉鎖された空間、あるいは天皇を神権化する権力の抑圧空間のなかで、そこにいきつくまでにさまざまな問題があったという見方で読み取ることができる。昭和十年代の超国家主義の空間にいきつくまでに権力が具体的に力を得ていくプロセスが活写されているのである。

たとえば共産主義に対する弾圧、あるいは政治や軍事が持っている闇の部分を摘発する人たちの不可解な死。そして政治が暴力によって解体していくというような側面をこの非軍事的テーマのなかに見ることができるのだ。

この二十の項目をあらためて並べたときに、私たちは、松本が執筆をつづけた昭和四十年代初めの時点で、この二十のテーマが持っていた意味を考えてみる必要がある。

松本は当初必ずしもテーマの選択に積極的ではなかったようだが、作品を書き進むにつれ、松本のなかにある感情がしだいに湧き起こってきたのではないかと思う。その感情とは、自らの同時代史を検証するということに対する責任感と同時に、こうした日本の不自然な歴史というものが闇のなかに葬られていくことへの怒り、それがきわめて素朴な形で松本のなかに起こってきたのではないだろうか。

「軍事的テーマ」と「非軍事的テーマ」の違いについてもしだいに一貫してくるのは、たとえ

「非軍事的」な題材であっても、そのなかには「軍事」が必ず顔を出してくるという点である。「石田検事の怪死」についても、もとより想像という言い方をしているが、「憲兵隊が政友会院外団の暴力を陰に陽に援助していたことは推察できそうである。したがって、石田検事の謀殺は相当大じかけに計画されていたと考えなければならない」という方向に話を進めている。

『昭和史発掘』で取り上げられている事件について、私たちは今、ほとんどについて知ってはいるのだが、それは松本が掘り下げ、分析した以上の内容はつかんでいない。

それはなぜなのか。もちろんこうした事件を丹念に追いかける作家、ジャーナリストが相対的に少なくなったということはいえるのだが、もっと根源的なことをいえば、「歴史に対する感覚」が、松本が持っていた以上の関心を持ちえなくなっているからだろう。それは、松本が昭和史の数ある事件・事象のなかから、「非軍事的」と見える事件を扱いながらも、そこにいずれも軍事の影がさしていることを読み取るような、同時代的な理解ができる人たちがいなくなったためではないだろうか。

「佐分利公使の怪死」に見る昭和前期の本質

『昭和史発掘』では、「石田検事の怪死」のほかに、「佐分利公使の怪死」という事件についても取り上げている。

佐分利公使というのは、昭和初期に外務省においてエースとして嘱望されていた外交官であり、近い将来、外交の中枢を担うであろうと期待されていた人物であった。彼の外交官としての姿勢というのは、軍部が前面に出てくる形の外交に対しては批判的で、それゆえに彼は軍人たちの憎悪の対象になっていた。

「満洲某重大事件」が起こった翌年のある日、佐分利公使は箱根のいつも利用するホテルに投宿して体を休めていたが、朝になってその部屋で、ピストルで自殺した死体が発見された。松本は佐分利公使が本当に自殺したのだろうか、何者かに殺されたのではないかということを執拗に立証していく。

佐分利公使が自決したときのピストルというのは当時、軍人が所持していたものであって、満州にいる大陸浪人は、このピストルを知り合いの軍人から譲り受けて持っていた者が多かった。そのようなピストルを持っていた犯人となれば、おのずからその範囲は限定されるといった論拠を挙げながら、彼がいつも投宿するそのホテルを知っている者が佐分利公使の寝た後に静かにその部屋に押し入り、こめかみに銃を当てて殺害したのではないか、と具体的に推理している。「佐分利公使の怪死」が書かれた時点においては、その真相は調べようにも、一切の手掛かりは失われている。しかし、松本はその最後にきわめて象徴的なことを書いている。

筆者は、自殺よりも他殺を強く推定したい。まだ生きていた頃の丸山鶴吉（当時の警視総監）は、この事件をひとにきかれて、「あの事件の真相は日本の国体が変ったときに初めて判る」といったという。この辺のところが真相かもしれない。

「佐分利公使の怪死」のような、一見非政治的に見える事件にも、松本の目は深く入りこむことによって、昭和前期という時代の日本の暴力構造を暴きたてている。

元老西園寺公望《きんもち》の秘書原田熊雄が記述した『西園寺公と政局』によれば、昭和五年（一九三〇）のロンドン軍縮条約への全権団の人選がまとまらないのを西園寺が嘆いて、「佐分利でもゐたら、彼こそ国際会議に力になる人だったけれども惜しいことをした」と話したと書かれている。軍部の強硬派がどのようなことをいおうと会議をまとめるだけの政治力を持つ人物を派遣しなければならないというのだ。佐分利はそういう外交官だったと惜しんでいるのである。

佐分利は昭和四年二月に駐支公使を命じられていた。中国側の要人に人望があったために幣原外相によって公使に任じられたのだが、国民政府との間に有和的な態度をとるべきだといい、不平等条約の改定にも積極的に応じる姿勢を持っていた。いわば一九二〇年代の協調外交の日本側の主役たりうる外交官だったともいえる。

しかし関東軍や大陸浪人の間には、佐分利の存在がうとましい。中国との有和など考えもしない連中からすれば、まさに許しがたい存在だったのだ。こういう背景について松本は歴史的な記述としてもきわめて妥当な分析を書いている。

満州には、満鉄のほか、その権益に蝟集《いしゅう》する日本商社や大陸浪人たちがいた。これらが軍に追随し、軍を利用していたことは改めていうまでもない。久原房之助などは、その最たるものだった。彼は関東軍を利用して軍需産業をもくろみ、一方では、その仕事を円滑にすすめるために多数の大陸浪人をかかえこんでいた。第一巻に書いた「石田検事の怪死」にでてくる妙な人物を匿《かくま》ったのも、この怪物久原である。

佐分利は、それら現地軍や団体を押えて、正当な対支外交を確立する決心をつけたに違いない。それには、まず満州問題の解決が前提となる。このような彼の意図は、関東軍や在満の右翼間にまことしやかに伝わったであろう。（中略）

ただ満州だけではない。内地にもこれらと気脈を通じる国家主義団体があった。またある意味では、満州の団体は内地からの派遣ともいえるのである。その頃は、浜口デフレ政策のために内地は空前の不況に見舞われていた。特殊な商社がその突破口を満州に求めていたとしてもふしぎではない。とすれば、否でも応でも彼らは軍部と密着しなければならなくなるし、積極的にこれを操縦することになる。

日本の外交政策が暴力によって歪められていくとの指摘は昭和前期の本質でもあったのだ。そのことを松本は執拗に説明している。

小説的な手法で表現した官憲への怒り

「小林多喜二の死」でも、この時代が抱え込んだ病根が抉《えぐ》られている。プロレタリア作家の小林多喜二は「三・一五事件」での逮捕者たちが、特高（特別高等警察）によって拷問を受けた内実を「一九二八年三月十五日」という作品で示し、それが特高の憤激を買っていた。地下活動を行いながらプロレタリア作家として時代を告発する動きを、特高の一団はきわめて不快に思い、そして弾圧の機を狙っていた。

昭和八年二月、多喜二は築地警察署内で特高の拷問によって、非業の死を遂げたのだが、その拷問の場面描写は綿密であり、そして私たちが読むということにおいて、特高の拷問に対する憎悪の念がかきたてられるように書かれている。その死についての怒り（「スパイ〝M〟の謀略」などへもつながるのだが）、多喜二に対する同情ないし共感が、当時青年であった松本のなかにあったのであろうと推測できる。

かつて特高警察がどのようなことをしたかということを直接に批判するのではなく、資料、証言等によってその拷問がどのように行われたのかということを実に精密に復元している。築地署の水野主任、小沢、芦田といった特高係証人が拷問したという記述もきわめて具体的に描写している。

三十歳のときに拷問で死んだプロレタリア作家に対して官憲の側は、たとえば市川築地署長は、

『殴り殺したというような事実は全くない。当局としてはできるだけの手当てをした。長い間捜査中であった重要被疑者を死なせたことはまことに残念であった』と白々しくいった」と松本は書く。

こういった表現に見られる苛立ち、それはとりも直さず松本の怒りが直にあらわれた表現だといっていい。

この「小林多喜二の死」は、松本自身が昭和前期にプロレタリア文学に一定の関心を持ちながら、それに深くのめり込まなかった自らを踏まえ、プロレタリア文学の広がりは小林多喜二がいたがゆえのものであったという一節で締めくくられている。

この一節を読むと、松本はプロレタリア文学の側に入ったとはいえないが、『昭和史発掘』『日本の黒い霧』や他の小説を通じて、プロレタリア作家が描こうとした怒りを論理ではなく、三十年、四十年あとに物語として語り伝えようとしたのではないかと思える。

松本は、決して硬い言葉で官憲に対する怒りを語るのではなく、小説的な手法を借りて、そのなかに現実を細かく描写することで私たちが昭和前期に何を失ったのか、何が見えていなかったのかを丹念に描いている。それゆえに説得力を持っている。

『昭和史発掘』で描かれた作家たち

前述したように、松本は昭和期に起きた事件から入るのでなく、大正末期の事件から筆を起こしたが、昭和の最初は「芥川龍之介の死」から入っている。

松本は前述の「小林多喜二の死」の冒頭で、小林の死を知ったときの自らの体験を書いている。「暗い部屋で、ある年上の友人からひそひそと語られたのだった」と書き、そして次のようにつづけている。


私は八幡製鉄所の労働者数人とつきあっていた。二十歳のころである。その労働者は非合法の出版物を購読していた。彼は雑誌の「戦旗」をこっそり読んでいて、いかにも人目にふれるのを恐れるように、雑誌を私に見せるときも用心深く窓の外に眼を配ったりした。まもなく、私の友人の労働者たちは逮捕され、私もまた側杖を喰って検挙された。

昭和八年のある日、彼の家に遊びに行くと、彼か、その友人かが、

「小林多喜二は拷問で殺されたらしい」

と、暗い顔をしてささやいていた。

「あんな立派な作品を書く作家を拷問で殺すとはひどい」

と、彼は長い髪をかき上げながら呟くようにいっていた。彼らはひどいショックをうけていた。そのころ、北九州の労働者の間でも小林多喜二は偶像であった。


松本の青年時代の断面が浮きぼりになっている。一方で「芥川龍之介の死」においても冒頭の

部分で、さりげなく自らのその時代をふり返っている。

巷に失業者群が満ち、私も職がなかった。

いま、このシリーズの一つとして芥川の死を書くことになったが、これは昭和史の一齣《ひとこま》として書くのであって、別に芥川龍之介論でもなければ、作品論でもない。また、芥川の死について新発見や新解釈をするつもりもない。最初にお断りしておく。

芥川の死の解釈は今ではほとんど出つくした感がある。が、ただ、叙述上、多少の私見を加えないわけにはゆかないが、むろん「文学論」ではない――。

松本は小林と芥川には、年少にして名を成したこと、若くして死んだこと、どちらも自然死でないこと、昭和初期の二つの傾向の文学が二人によって代表されていることなどの共通点をあげる一方で、芥川は「豊富な教養を蓄え、ディレッタンチズムを愛好し、志賀直哉のリアリズムにはひそかに惹かれながらも、作風はロマンチックな芸術至上主義に終始した。彼の生活は典型的な書斎の中のものだった」と見ている。これに対して小林は「悲惨な労働者の生活を階級的立場から捉え、多元的描写によってスケールを雄大にひろげつつも観念的に陥らなかった」と書いている。

小林に共感を寄せつつ、芥川の自殺に至る心情を問うている。同時に芥川の女性関係も含めて人間的な関係についても筆を進めている。この芥川の項は小林よりはるかに長い回数を使っての連載だが、そこには芥川の持つ生活体験が自らの体験とはまったく異なっているがゆえの関心があることがわかる。芥川が自決に至るのは精神病を恐れたという説ではなく、「痴呆になった宇野（筆者注・芥川の旧友で作家の宇野浩二）の姿に人間末路のやりきれなさを見て、自殺決行になったのではなかろうか」と書いている。そうした芥川は、つまりは生活のなかに社会的な目を持とうとしなかったとの指摘をくり返すのも興味が持たれるのである。

松本は十五歳で高等小学校を終えた後、給仕として川北電気に勤めているときに、早稲田大学の講義録を取り寄せて勉強を志したが、その資料費の送金も継続できず、新聞記者になりたいという夢をこの段階で捨ててしまったという。

川北電気が不況で倒産するまでの三年間、十分に学問を身につけることができなかったかわりに、文芸書には人一倍時間を割いて親しんだ。とにかくあらゆる本を読む濫読だったようだが、まだ十代で社会の底辺で働いていたときに初めて彼が惹かれた作家というのは芥川龍之介であり、菊池寛だったという。

文学の入口で出会ったふたりの作家に、松本は独自の感想を持った。そのことは彼自身が書いている。

明治時代の作家では、漱石、鷗外、花袋、鏡花など一通り読んだが、自然主義作家にはそれほど惹かれなかった。花袋の場合は、「布団」「一兵卒」などよりも、前から彼が書きつづけていた紀行文のほうに惹かれた。（中略）そのころの私は、小説にはやはり小説を求めていたようである。

そんなことで、芥川や菊池に私の興味が惹かれたのは仕方がない。特に菊池の「啓吉物語」と、芥川の「保吉の手帳から」は、同じ私小説の系統でありながら、いわゆる自然主義作家のものよりずっとおもしろかった。自然主義作家の、あるがままのものをあるがままに書く、という平板なものには、退屈でついて行けなかった。


松本は文学的関心を自然主義に求めていながら、「あるがままに書く」とは、社会的な視点を持たないで、あるがままに書くことではないという理解を、十代のときにもったのである。それが小林多喜二への関心と進んだのだ。

松本は前述のように、昭和四年三月、北九州の文学仲間がプロレタリア文芸作品や「文芸戦線」「戦旗」などを購読していて、「赤狩り」によって小倉署に検挙されて十数日留置された。松本の父親は当時飲食店を経営していたのだが、官憲を恐れて蔵書をことごとく焼いたという一件があった。これは、当時の日本の庶民が共産主義思想、あるいは共産主義が勃興してきたときに特高がどのように弾圧するか、その仕組みを知りはじめた頃で、まず恐怖というのが先立っていたことを物語っている。

松本の父は、その誰もが持つ最初の恐怖で社会的な関心の広がりを狭めていった。松本はそのなかで十九歳、二十歳になった頃、官憲の暴力、弾圧という枠組みを前提にして自らの価値観を抑圧していかなければならないことを知った。松本の小説が持っている社会的な視点は、すぐに行動には走らず、立ち止まって現実を直視していると考えればわかりやすいのではないかと思う。

先輩作家のスキャンダル

『昭和史発掘』のなかで具体的に作家を取り上げている作品として、「潤一郎と春夫」がある。これは文学者を取り上げるというより、潤一郎の妻を春夫が譲り受けるといういささかスキャンダラスな出来事を見たものである。

当時の新聞に、谷崎潤一郎（四五）と佐藤春夫（三九）、そして谷崎夫人の千代子（三五）の間にわだかまっていた恋愛事件がこのほど解決したとして、三人が連名で知友に送った書簡が紹介された。

谷崎は夫人以外に恋仲の女性がいて、千代子夫人に佐藤が同情し、妻との離婚を機に千代子夫人と結婚するというのである。なぜこのスキャンダラスな事件を取り上げたか。松本は次のように弁解している。昭和初期という時代に作家の社会性を問うてみたいということであろうか。

筆者は小説家のはしくれにつらなる者。谷崎、佐藤の大先輩の私事をあえて書くつもりはない。だが、さきに芥川の自殺を大正末期の時流の中でとらえて書いた筆者は、昭和五年時におこったこの問題を同じ視点から眺めてみたいのである。また、この事件は谷崎と佐藤にかなり心理的な影響を与え、それがまた二人の文学に影響していると思う。たとえば、谷崎の名作「蓼《たで》喰ふ蟲」は、この問題がなかったならば出現しなかったであろうし、佐藤の詩で人口に膾炙《かいしゃ》されている「秋刀魚《さんま》の歌」や、小説「この三つのもの」も、もちろん出来なかった。

そしてふたりの文学活動をその初期からなぞっていく。谷崎と佐藤の交友がどのようにはじまったかも明かしていく。この描写は作家の私生活と作品にはどのような関わりがあるかという点で興味が持たれる。昭和史発掘というが、この作品は谷崎潤一郎、佐藤春夫という同年代の著名な作家が時代のモラルに抗する形でどのように生きたかが赤裸々に語られている。

結論として、松本は三人が世間に公表したこの結婚の案内状は「正々堂々」としていて、世間にはよけいな噂がたてられないだけよかったのではないかという見方を示している。

谷崎、佐藤の択んだ方法が正当だった証拠には、その後、佐藤夫妻が幸福な結婚生活を送ったこと、谷崎も松子夫人を得てますます旺盛な創作活動に入ったことでも分る。

私は昭和三十年代に、中河与一作のこの顛末について書いた小説を読んだ記憶があるが、戦後にあってもこの〝事件〟は松本の理解とは別に昭和初期のモラルの破壊者の如くに見られていたように思う。なぜこの顛末を、松本は取り上げたのか。それはこのモラルの破壊者というイメージを手直ししようとしたためではなかったか。

単行本に収録されなかったふたつの事件

週刊誌で連載された『昭和史発掘』を単行本としてまとめる際、松本は担当編集者に対して、あるふたつの事件については外すように命じたといわれている。このふたつの事件というのは、ひとつは「政治の妖雲・穏田の行者」、もうひとつは「お鯉事件」なのだが、これについてもふれておきたい。

「政治の妖雲・穏田の行者」とは、ロシアの怪僧になぞらえて、「日本のラスプーチン」と呼ばれた人物・飯野吉三郎が、明治末から大正にかけて、伊藤博文、清浦奎吾、下田歌子といった人物の信奉を得て、政界や宮中の黒幕として権勢をふるったことに材を取っている。飯野の後ろ盾であった山県有朋の死後、詐欺事件に関わったと起訴されて、その後再び権力を持つことはできなかったというストーリーである。なぜ単行本に含めなかったのかを探っていけば、明治・大正期が中心になっているうえに、この飯野吉三郎そのものがそれほど世間に知られていなかったからではないかと思われるのだ。しかしなぜこの人物に松本は関心をもったのだろうか。

松本はこの作品の末尾に、「飯野は明治末期から大正末までの世相を象徴した人物ともいえる。国家主義・軍国主義の抬頭期には、このような人物が必ず現われるものだ」と書いている。そして次のように締めくくっている。

昭和に入るとも早、飯野のような人間は出てこないと思われるが、二・二六事件で死刑になった右翼理論家・北一輝も、しばしば仏間で霊告を得たというから、今後も時勢次第では、このような人物が現われないとも限らない。

松本は二・二六事件を調べるにつれ、北一輝がしだいに飯野と似ていると気づいていったのだろうか。飯野への関心が北につながったように思われるのだ。

さらにいえば、松本は権力の裏側に跋扈《ばっこ》する不気味な存在を描くことによって、「人間」の弱さを示したのであろう。社会的・政治的な権力が肥大化するほど、指導者には人間的な懊悩が生まれる。つまり権力者は、歴史的に巨大な権力を獲得すればするほど、そこに人間的な空虚感が生まれるのである。

その空虚感に入り込むのが、たとえば宗教家であったり、予言者であったりする。『木戸幸一日記』を読むと、昭和十一年頃に宮中の女官、島津治子が物の怪《け》に憑かれたように霊告を口にし、宮中に混乱を起こすという経緯が書かれている。混乱の拡大を防ぐために、島津を精神的な疾患として排除するのにどのようなことを行ったかということも出てくる。松本はそういった権力のなかに生まれる人間的な弱さに関心を持ち、それを描こうとしたのだろう。

一方、「お鯉事件」というのは、昭和九年三月に政友会の岡本一巳が、共産党のシンパから赤坂の待合で饗応を受けたとして司法大臣小山松吉を告発した事件を扱ったものである。この待合の女将は、かつて桂太郎の愛妾として知られたお鯉で、岡本側の証人となるが後に偽証と判明する。岡本と共謀者の陰謀にこのお鯉がのったということなのだが、これは斎藤実内閣の倒閣につながったというのだ。

それを松本は克明に描いたのだが、これについても外すように命じたという。もちろんこのような事件は一般の年譜には刻まれておらず、政界の裏話的なものであって、これを正史のなかに持ち込むことで事件の意味が必要以上に重きをなし、昭和史の理解が変わってしまうのではとの懸念を持ったのではないかと思う。

このふたつは当時の「週刊文春」でしか読むことができないのだが、松本がこういったテーマに関心を持ちながら、最終的にはそれを外すよう指示したというのは、その真意に何かがあるからではないかという推測も成り立つ。そして実はこうした推測は重要な意味を持っているのではないだろうか。

その重要な意味とは、清張史観において、政治とはきわめてリアリスティックな、あるいは理知的な所産なのであって、あまりに人間的なものを描くことによって、それが理性的あるいは権力的な闇の部分を糾弾するという清張史観が崩れることを恐れたのであろう。この点については未だ十分に論じられていないが、さらに検証が必要ではないかと思う。

清張史観が描く昭和史年譜

単行本化する際に外されたふたつの事件を含めて、『昭和史発掘』で取り上げられた事件をあらためて整理してみると、清張史観が見ている昭和史の年譜というのは、一般の年譜とはかなり異なっていることがわかる。

年譜というのは主に研究者が作り、それがさまざまな視点から補充・補完されながら社会に定着していき、そして年譜自体が一つの歴史的な証言として記録されていく。『昭和史発掘』が書かれた時期は、典型的な唯物史観の目、いわゆる「戦後左翼」の目で書かれていた年譜が主であった。たとえば昭和十年代に陸海軍が政治の主体となり、ファシズムが進行するなか、抵抗する勢力、抵抗する指導者はほとんど弾圧されていて年譜には刻まれてこない。実質的にも政治的な力を持っていたとはいえない。

そのような状況下で、どちらかといえばさほど大きな影響を与えたわけではない、たとえば海軍の基地で反戦ビラが撒かれたというような一事がときに年譜に刻まれることがあった。あるいは、「横浜事件」に象徴されるような、治安維持法で弾圧すべき対象者がいなくなったがために、特高によってあえて弾圧された、あるいは拷問されたとか、虚偽の事実によって逮捕されたといった人たちの事件が年譜に刻まれてきた。

私自身も昭和四十年頃までの年譜を丹念に見ていて、年譜のわずか一行しか書かれていないが大きな意味があるという事件を再取材し、史実として検証してみたいという思いを持った時期があった。ところが年譜のなかには明らかに虚偽というケースがある。

ある年譜で、昭和八年に中国で日本人による反日デモが起きたという記述があり、興味を持って詳しく調べてみると、事実としてはまるでなかったというケースもあった。『昭和史発掘』で扱われている社会的事件・事象には、一般の年譜に小さくふれられているものもあるかわりに、まったくふれられていないものもある。

そういった史実を選択する視点は、同時代人であるがゆえの関心だと思う。作家という仕事に入った松本にとって、そういった関心を放棄しておくわけにはいかない。徹底的に取り組んでみたい、という意思が生まれたのも当然であった。

人間的な強さを持つ者への共感

清張史観を成り立たせている二十の事件・事象には、最終的にはなぜあのような戦争にいきついたのか、という松本の疑問が凝縮されている。庶民としての不安な感覚が、昭和初年代には高まっていったということではないか。

それは軍人が社会的権力を獲得し、政治的勢力として拡大していく過程や内実を客観的に分析しながら、一方でそれに抵抗する勢力（主に共産主義勢力）に対する関心を対峙させることから窺える。「三・一五共産党検挙」「スパイ〝M〟の謀略」「小林多喜二の死」といったものにとくにあらわれている。大きくいえば滝川事件に象徴される「京都大学の墓碑銘」もそこに含まれる。

日本が軍事主導体制でファシズム化していく過程における軍の内部と、それに抵抗する力、アカデミズム、あるいは政治的ラジカリズムが対比されるのだが、むろんそこには大きな力量の差がある。片方は権力を拡大し、それを補完し、最後には国家を「兵舎」にまで持っていくのだが、それに対してその抵抗する側の運動というのは、面には成り得ず、いずれも局部的な問題に収まっている（リベラリズムという形でみれば一部、面になったことはあるが）。

清張史観はこの局部的な動きと軍国主義、軍事主導体制を常に対峙させて示しているが、そこに登場する人物のなかには、同時代的な共通観があるというのが私の認識である。

青年将校はなぜ、あのような国家改造運動に関心を持ち、行動にまでつき進んだのか、そして彼らは天皇に対していかなる感情を持っていたのか、というのは「五・一五事件」『桜会』の野望」「二・二六事件」といった作品で書かれている。そこに登場する青年将校たちの姿というのは、むろん松本の目から見ればファシストであり、ある時代の限定された単純な思考に束縛された青年たちということになるのだが、一方で「小林多喜二の死」に見られる多喜二が持っている人間的な強さと青年将校たちを個人化したときには、むしろ小林多喜二の方に人間的な強さがあるととらえていることがわかる。

同様のことは、「北原二等卒の直訴」についてもいえるが、こういった人間を取り上げるときに、国家の集団のなかの軍人、青年将校という言葉で語られる個人と、反体制あるいは一人で歴史のなかに戦った人間とでは、人間的な強さというのはどちらが勝るのかを問い続けている。それが松本自身の関心であった。

おそらく松本は、自らの置かれていた環境と照らし合わせながら、そうした強さを持つ個人に対しての素朴な共鳴があり、それを基に『昭和史発掘』の事件・事象を選び記述を進めたのではないか。一方で、軍部が巨大な権力を獲得し、それによって日本を誤った方向へ進めていく形を具体的に、単に青年将校の情念だけでなく、国家のシステムがそういう方向へ流れるということを描きだす。他方で個人の強さ、弱さを見つめ、とくに強さを共産主義者や学者、宗教家の側に求めているとの感を抱く。この点で『昭和史発掘』で選ばれている事件・事象に相応な関心が持たれるのも当然ではないかと思う。

弾圧に抗した者たち

「天理研究会事件」では、「天理本道（戦後はほんみち）」の大西愛治郎とその周辺にいる信者についての分析を試みている。天理教の熱心な信者であった大西が、近代日本の流れのなかでどのような推移を辿って信仰を深め、やがて天理教を追われて自らの信仰団体をつくるかを詳細に記述している。

その宗教上の教えは「国体の否定」に至り、特高警察に何度かにわたって手入れを受け、そして大西も逮捕される。それでも信仰はゆるがない。松本は、「(戦時下にあって)他の宗教家が続々と転向して戦争協力者になってゆくなかで、天理本道の被告だけは絶対に転向せず、まったく特異な存在だった」と書いている。宗教上の教えや宗教団体としてのあり方には批判もあったのだろうが、信仰を変えないという一点で松本は評価しているようである。

「京都大学の墓碑銘」や「天皇機関説」は、昭和八年の滝川事件、昭和十年の美濃部達吉の天皇機関説排撃事件をさしているのだが、むろん滝川や美濃部のことだけを取り上げているのではない。「京都大学の墓碑銘」では、明治期からの帝国大学教授たちの動きから筆を起こしているほどだ。

松本はこの作品の末尾に「京大七教授の免官によって、蓑田胸喜、三井甲之など『原理日本』系の右翼理論家は意気軒昂、滝川教授を葬った勢いを駆って、美濃部達吉、田中耕太郎、横田喜三郎、宮沢俊義、末広厳太郎の諸教授への攻撃に移った」と書いている。つまりは滝川幸辰の『刑法読本』発禁にはじまった京大の事件も美濃部達吉の天皇機関説排撃運動も学者世界の人間関係や学問的立場の違いに端を発している。もとよりこの二作品はそのような対立や葛藤を理解するのも重要なのだが、実は松本はそれぞれの立場の学者の人間性を問うているように思う。京大法学部の分裂の状態を語りながら強硬派七人の文章に「エリート意識がみられたこと」や滝川教授について「学者間にある『刑法読本』の不評は、どうやら滝川個人に対する不人気からきている」と書くことでもわかるように、人間の質にこだわっている。
美濃部達吉については同情的で、たとえば貴族院での弁明演説は全文を掲載するという具合だ。美濃部は検事側の取り調べのあとも記者たちに、「自分は何も間違ったことを言っているのでもないから、学説を変えるなどということは絶対にあり得ない」と話しているが、松本の描写は美濃部擁護に徹している。次のようにも書いている。

美濃部問題では東大教授のなかからすすんで彼を弁護し、当局の不当を鳴らす者は一人も出なかった。軍部や右翼の嵐の中ではひたすら沈黙を守るのが賢明と心得たらしい。ことに不敬罪をめぐる問題とあっては、君子危うきに近づかずだ。わずかに東京大学の河合栄治郎経済学部長が帝国大学新聞で「国体に関する議論を地位と生命とを賭さなければ一言も吐くことができない情勢になったのは、国憲を重んじ国法に遵《したが》えと言われた明治天皇の教育勅語に反するであろう」と、伏字だらけで攻撃したのが唯一のものであった。

美濃部を例にひいて、昭和十年前後の思想的、社会的な学会やその周辺の学者、研究者たちの脅える姿、追従していく姿、さらに糾弾する姿勢をあぶりだしている。
滝川や美濃部のような学者と大西愛治郎という宗教家の間には多くの相違があるにせよ、松本はしきりに権力に抗する人間のタイプを読者に伝えようとしている。それが松本の政治的意思でもあったのだろう。

アカデミズムと在野の研究

『昭和史発掘』のなかで、国際的なテーマというのはほとんどない。あえていえば、「スパイ〝M〟の謀略」はそういえるかもしれないが、これとて基本的には国内の動きにしぼっている。

それはなぜなのだろうか。当然、昭和前期には満州事変、上海事変もあり、日中戦争といった海外での日本の侵略活動も含まれるのだが、そういう現実にふれるよりはむしろ陸軍内部に目を向けることに徹している。たぶん松本は昭和十年代に至るまでの昭和前期には、露骨な葛藤があり、その葛藤のなかに本質的な歴史の流れが潜んでいることを指摘しているように思う。こうした松本の歴史の年譜に対してはアカデミズムの側にはふたつの反応があったように思える。

ひとつは、アカデミズムの正統派にいる研究者にとっては、このような在野の研究そのものに対して基本的には重要性を認めないという立場だ。つまり、実証主義的な検証が語られているが、それはアカデミズムが持っている演繹的な史観、演繹的分析とは距離を置いているがゆえにさほどの関心を持たない。つまりその有効性を認めないということだ。しかししだいに、次々と発掘される資料、証言を基にしている作家の視点というものに対して軽視してはいけないという考えも生まれたように思う。「松本清張の思想」と題して、「現代思想」二〇〇五年三月号が特集を組んでいるのだが、九州大学の有馬学が興味深い内容を書いている。

東大の伊藤隆教授が編者代表となって監修した『二・二六事件秘録』が一九七〇年代初めに刊行された折に、松本がちょうどその当時に「朝日新聞」紙上で連載していた「身辺的昭和史」のなかで、この『二・二六事件秘録』について、「近頃某社より出版された森資料なるものの同種の憲兵尋問調書は、森伝（いわゆる政界浪人で清浦奎吾や久原房之助の子分）のもとに出入りしていた憲兵将校が運んだといわれるもので、わたしが六年前から持っている資料と根は一つである。東大の先生が『花』を持つような新発見ではないのである」と感情的な反応を示したことを紹介したうえで、

筆者などが計りかねたのは、松本清張の現代史に関わる著作を最も早く認めた研究者の一人が伊藤隆だったからである。（中略）史料に対する情熱という点で両者には通ずるものがあった。（中略）「史料」の発掘による「事実」の確認こそが昭和史を書き換えていくのだという確信において、両者（筆者注・松本と伊藤）に通底するものがあったことを確認しておきたい。昭和史の「発掘」は史料の「発掘」であり、それはクソ実証主義の代名詞などではなかった。硬直しているのはむしろ古くさいフレームワークの方であり、史料の「発掘」こそが革新的であった。それはまだ、いわゆる実証主義に対して「史料」の特権性を引きずり降ろすべく、相対主義の側から投げかけられる批判が誰の目にも見えるようになる直前の事

態だったのである。

と書いている。この表現自体きわめて興味深いのだが、次々と松本によって発見されてくる資料、あるいはそれに基づいて記述されていく昭和史というのは、歴史学の領域において固定化した史観のもとで語られてきた枠組みを壊していく。その資料の発掘が事実に結びつくよりも、そうした演繹的な見方を崩す要因になるという危険性があって、つまり歴史学のアカデミシャンにとって、松本の持つ記述というのはある危険性を秘めているのではないかとの指摘であるような感がする。

この指摘は昭和四十年代当時の時代背景もたぶん関係があるのではないかと思う。なぜならこの時期は戦後二十余年を過ぎて、全共闘運動に象徴されるように、既存の体制が持つ占領期初期の価値観、それ自体が新たな抑圧する権力と化していたからである。そしてこの抑圧する権力として戦後生まれの世代に批判されるという現象が生まれていた。

そのなかで清張史観は、そうした新しい動きに即応するものではなく、戦後占領初期の左翼史観を補完しさらに提示するという側面が強かった。

本来、松本の思想的傾向というのはそういうものだったと思うが、当初は既存の固定化したアカデミズム、既成左翼の側はその史観を混乱せしめる因というふうに見たのではなかったかと思う。私は清張史観が、既成左翼とどのような関係があったかを十分に知らないが、既成左翼の側もまた清張史観というものについて、どのように対応するかを十分に確認できなかった時期があるのではないかと思う。

しかし『昭和史発掘』は、日本のファシズムがどのように誕生したか、その主たる役割を担ったのは誰か、謀略まがいの闇に隠れている黒い動きとは何だったのか、という図式を示していた。松本はそうしたファシズムについて警鐘を鳴らす側に立っていたと理解されたが、かといって戦後の既成左翼の文化を担うとの意識は持っていなかった。そのことが松本が広く一般読者を獲得した理由であったことは容易にわかるのだ。実際に松本は、自らの作品が示したファシズムを声高に語ってはいない。

清張史観は昭和四十年代には、さまざまな立場から関心を持たれたに違いないが、その関心というのは当事者の証言や収集された資料の迫真性や衝撃性にあったのだから、『昭和史発掘』は一般読者に幅広く受け入れられた。その広がりのなかで、アカデミズムや戦後左翼が松本の「史眼」に注目していったといえるのではないか、と思う。

なぜ昭和十年代の戦史を書かなかったか

私はかつて、「小説トリッパー」（朝日新聞社刊）という文芸誌が松本清張特集を組んだときに、次のように書いたことがある。

ここ（『昭和史発掘』）で挙げられた歴史的事件の大半は、歴史の年譜ではさりげなく記されている項目であることに気づくであろう。「佐分利公使の怪死」などは年譜にすら記入されていないはずだ。

この『昭和史発掘』は、のちに全集にもなっているが、全十三巻のうち七巻から十三巻までは「二・二六事件」についてである。つまり松本は、大正末期から昭和初年代の歴史的事件や社会的事象を中心に分析していきながら、それが二・二六事件に収斂していくとの史観をもっていたことが理解ができる。二・二六事件以後の社会的事象や各種の戦争などについてはまったくふれていない。

さらにつけ加えるならば私は次のようにも書いている。

（このことに）関心を持っていなかったというのではなく、松本の年代では昭和十年代は二十代半ばから三十代半ばのことであり、いずれにせよ社会的な自覚をもって生活していたわけでもあり、その時代を作品としてあらわすならば、自らがこの期に何をしていたか、さまざまな事件にどのような判断をもつに至ったか、それを土台に据えなければならない。

そうしたわずらわしさは歴史的事件を見つめる松本の目を曇らせてしまうと考えていたがゆえにあえて手をつけなかったとも考えられるのだ。自己のアリバイを説明するだけで、こうした作品はすぐに読者には疎んじられてしまうに違いないのだ。

私は、松本は『昭和史発掘』をなぜ二・二六事件で止めたのだろうか、と考えつづけてきたのだが、つまるところ自らの体験そのものを書かなければならず、それを説明することのうとましさを感じていたのではないかと指摘したい。昭和十一年二月の二・二六事件以後、日本は日中戦争を起こし、ドイツ、イタリアに傾斜し、やがて対米英戦争にと突入していく。国内では軍事指導者たちが前面に出て日本をまるで「兵舎」のごとくに変えていく。それが軍事指導者の説く高度国防国家、あるいは総力戦体制だった。むろん松本が『昭和史発掘』を書くときには強い怒りや憤りを持っていたことはわかるが、しかし同時代人としてそのような怒りや憤りがあったかとなると、必ずしもそうは思えない。

だからこそ書くことのうとましさを感じたというべきだろう。

「教練の出席率」という短文には、自らがニューギニアの戦線に送られる補充兵であることがわかり、衝撃を受ける様子も書かれている。脱走が容易なこともわかる。しかし結局は、「そのうち、飛び越せそうな柵や溝を見ても魅力をおぼえなくなった。断念させたのは、朝鮮海峡の存在と、残した家族の生活保障であった」と書いている。こういう心情のゆえに、昭和十年代の昭和史を書く意思はなかったということであろう。

むろん作家という立場で、昭和史の発掘ばかりにかかわっているわけにはいかないという事情もあったにちがいない。

また昭和史の流れからいって、『昭和史発掘』と銘打っての連載で、二・二六事件に至るまでの事件・事象と二・二六事件そのものを分析、検証することで、あとは昭和十年代の空気は容易に窺えるということもいえる。日本の軍事主導体制やファシズムの思想はすべて昭和初年代と二・二六事件に凝縮されているからだ。

松本にすれば、方程式は示したのだからあとは読者が考えてほしいということではなかったかと思うのである。

現代史の先行研究への挑戦

『昭和史発掘』で取り上げられている事件・事象について、松本が取材を直接行ったわけではないだろうが、新たに発見された資料、文献、証言はその後の歴史研究の礎にもなった。加えて一連の表現は、小説的描写を用いたり、ノンフィクションの手法で当事者たちの心理に迫ったり、さらには資料や文献を生で多数紹介することによって時代背景を解きほぐしていくという、読者にわからせることを主眼とする構成を用いて昭和前期そのものを描きだした。記録、ドキュメント、ノンフィクションの先駆的な仕事だと思う。

この仕事は、日本の歴史学研究への挑戦、ないし補完という役割があった。

このことを別な角度から説明したい。

歴史的な流れで見れば、『昭和史発掘』が書かれた昭和三十九年から四十六年の「以前」と「以後」という区分ができるだろう。

つまり、それほど『昭和史発掘』の登場は重い意味を持った。それ以前、昭和前期の現代史を描いたものには、大きくわけて四つのタイプがあった。

一番目は、作家の立野信之に代表される作品。つまり作家が小説的な手法で昭和前期の事件を書くのである。

二番目は新聞記者の書く通史。当時唯一の証言者といってもいい新聞記者たちが、言論統制の枠で抑えられていた束縛から解放されて、戦後になって書く「通史」という流れがあった。森正蔵の『旋風二十年』はその典型である。

三番目としては、昭和初期の当事者たちの回想・回顧録というのがある。これが主に昭和史研究の、つまり『昭和史発掘』が登場するまでの重要な参考資料であった。

四番目に、学者・研究者の描く通史といったジャンルがあると思う。もっとも有名なのは藤原彰、今井清一、遠山茂樹による『昭和史』(岩波新書)だが、この書は記録的なロングセラーとなった。この書によって昭和前期はいかなる時代であったかが伝えられてきた。

一番目のタイプは、立野信之の「二・二六事件」を扱った『叛乱』、あるいは近衛の人間的な苦悩を描いた『公爵近衛文麿』などは、作家が資料や文献をもとに歴史的現象・事実を小説化するという手法であった。この手法は昭和三十年代にはかなり一般化してきて、有馬頼義や山岡荘八をはじめ何人かの作家たちがこうした形で作品化している。

しかし、そうした作品で語られる事実は、作家が全面的に調査をして調べたというのではなく、自らの見聞の一端をもとにして書かれるケースが多かった。確かに一面の真実はあらわれていても、また登場人物の人間性にふれてはいても、歴史的な俯瞰には欠けるという欠点があった。いささかどぎつい言い方をするならば、作家的関心にとどまっていることが多く、普遍性に欠けていたのである。

そのため書かれた当初はそれなりの意味を持ったが、時間を経るにつれ、しだいに訴求力を欠くことになった。もちろん私はこのことを文学的レベルで語っているのではなく、現代史を史実として踏まえて、できるだけ想像力や感情移入を避けて作品化する点で物足りなさがあるといっているわけである。

昭和二十年代、三十年代にこの種の作品が一定の影響力を持ったのは、まずは昭和前期の社会的事件や政治的事件がまったくといっていいほど国民に知らされていなかったからだ。とにかく事件の関係者の動き、あるいは事件そのものがどんなものであったかということを知りたいという読者の要求に応えたからである。

さらに昭和三十年代には現代史、とくに昭和史は、前述の『昭和史』という書に代表されるように、いささか前提を持った史観で書かれていた。政治的な、思想的な理解という面が強調されるあまり、それに不満を持つ人たちが文学的な素材として昭和史関連の作品を手にしたのであろう。

　新聞記者の書く通史は前述のように森正蔵の作品が典型なのだが、その記述スタイルは、記者特有の平易な文体で、そして特別に感情に走るのではなく、とにかく史実を国民に知ってもらいたいという願いで書かれている。それゆえに、誰もが読める。昭和二十年代後半から三十年代にかけては、一定の読者を獲得したのも無理はなかった。森正蔵のほかに、伊藤正徳の『帝国陸軍の最後』や『連合艦隊の最後』などの作品も生まれている。

　あるいは、これは文学的作品のなかに入れるべきかもしれないが、吉田満『戦艦大和ノ最期』のような戦争体験者の作品もやはり文学としての意味を持ちながら語られつづけてきたといえるように思う。

　新聞記者の書く通史の決定的な欠点は、逆説的にいえばそこに思想がなかったのである。思想がなかったというのは、確かに史実に忠実に描こうとするが、「この時代をどのように見つめるか」という初歩的な視点がきわめて希薄であった。

　また、当事者たちの回顧・回想録や学者・研究者の描く通史は昭和四十年前後までにいくつか刊行されている。しかし、そういった書を著す人たちは社会的に特定の地位を獲得しているからで、庶民の目、あるいは軍国主義の犠牲になった国民の目からという書はきわめて少なかった。

たとえば『西園寺公と政局』『木戸幸一日記』といった歴史的文献は多くの示唆を与えているが、そこには権力がどのように動いたか、権力内部でどのようなことがあったかということはわかるにしても、国民の目というのはほとんどなかった。それが結果的には昭和前期の年譜に刻まれている「軍事主導体制」の権力集団の内面を意味づけることであっても、国民はどう生きていたのかという視点に欠けていた。

岩波新書の『昭和史』に代表される学者、研究者の描く通史はこれらを補うような本であったが、それらの本では昭和史がきわめて限定的な理解をされていた。

それは昭和前期が軍国主義に席巻された時代として描かれて、軍事主導のメカニズムが社会科学的な記述によって説明されていた。社会科学的分析の強さはあったにしても、これにもまた国民不在であるという批判があった。『昭和史』に対しても、人間不在の歴史書ではないか、もっと人間の顔を描かなければならないという、いわゆる昭和史論争が昭和三十年代初めに起こっている。

『昭和史発掘』が国民に受け入れられた理由

こうした昭和史を語る書は、いずれにしても「帯に短し襷《たすき》に長し」といった感があり、昭和四十年の段階では（戦後二十年目にあたるわけだが）、まだ国民の目で理解できる書という作品はなかった。『昭和史発掘』はその間隙《かんげき》を縫い、それまでの欠点を補って生まれた書といっていいのではないかと思う。

戦前の「天皇制国家」の社会に生きたひとりの庶民が、天皇を頂点とするヒエラルヒーが戦後にあってどのように温存され、あるいは解体したのか、実感的に庶民はつかむことができなかったが、それを松本は身をもって示したことになる。

そうした実感的につかみようがない庶民の不満を『昭和史発掘』は、根底から拾いあげたというのが読者を獲得した理由ではないかと思う。戦後の東西冷戦下で「昭和」という時代をとらえる目が政治的であり、権力者的であり、そして「国益」に基づく歴史解釈であるのに対して、国民はどのような生き方をしたのか、国民は何を知らされていなかったのかという視点で論じただけでなく、そこに人間の顔を描きだして記録してみせた。それが松本の『昭和史発掘』の本質である。

清張史観とは、松本の同時代的、社会的な、どちらかといえば「弱者の目」から出発して、このような現実がなぜ起こったのかを丹念に追いかける視点というべきであった。もうひとつ、それを支えるのに文藝春秋という中間層の生活意識を代弁する出版社の週刊誌というメディアによってこの史観が登場したのは、ある意味で象徴的だといっていい。

つまり、史実を検証することなしに公式論は成り立たないが、史実の通史が見落としている事件や事象こそが重要であり、そこにこの国が歩んだ歪みの目が反映しているのだということをこの週刊誌は示してもいた。それは清張史観の土壌になりえたのである。

生活者の視点

清張史観が、個々の作品のなかにふと顔を見せることがある。

たとえば初期の作品である「芥川龍之介の死」では、大正期の知識人の弱点が鋭い言葉で抉られる。芥川は若くして世に出たし、多くの書を読んでいたが、「その乱読が示すように、それは系統立った考え方ではなかった。知識も系統立ってはいない。せいぜいが文人的な教養だ。遺書にマイレンデルをちょいと持ち出してきて人を惑わすようなことを愉しむような底の浅い知識を露呈している」「だから彼には積極的な主張はない。あるのは、逃避的な身ぶりである」と鋭く書いている。ここには反教養主義的視点があり、これを嫌う読者もまた常に存在していた。

しかしこれは清張史観の骨格にふれる視点ではないかと思う。松本にすれば、芥川に代表される大正教養主義には生活感がないという生活者の側からの批判を浴びせる。生活者の日常の怒りや不満、それはひとつはブルジョア趣味に浸りきっている文化人への批判、もうひとつは差別に対する憤りなどの描写で明確に描きだす。「北原二等卒の直訴」がそうだが、この事件では陸軍内部の差別撤廃を訴えた一兵卒のその行動を通して、天皇制軍隊の持つ矛盾を詳述している。

人間の意志、思考、性格を殺し、ただ命令に服従するの習い性が要求されるのである。満州侵略の意図を持ち、その直前の体制を固めつつあった軍部が、以後、この「直訴事件」に鑑み、一層積極的に兵士をこの「習性」化へと進めたのはいうまでもない。

こうした表現のなかに清張史観の骨格があるといえるだろう。

この作品の最後の一行には、「田中内閣の危険思想に対する弾圧が始まったのはこのすぐ後からである」とある。これは田中義一内閣によって行われた昭和三年の三・一五事件（共産党員の検挙）を指すのだが、「北原二等卒の直訴」のすぐ後であるということを匂わせながら弾圧の実態を具体的に解剖してみせた作品といえるのではないかと思う。「……私はここまで三・一五以来の日本共産党検挙についてあらましを書いてきた。まだまだ、これについては書くことが残っている。たとえば、警察署や刑務所などの凄惨な拷問について述べたいのだが、もう早、余裕がない」という末尾の表現は意味するところが大きい。

つまり、陸軍のなかにひそんでいる階級、元帥、将官、佐官、尉官、二等兵に至るまでのその階級構造のなかに、それを崩そうとする者の怒りが思想弾圧の対象になったと見ていることになる。日本社会には「君主制の問題」があるといい、共産運動にとってはこれが重要だったとし、天皇に関する罪は「否応なく死刑」となるがゆえに「主義と現実問題とがここで乖離する」と弾圧の背景についてもふれている。

私は、松本がこのような作品を昭和四十年代、年齢にして五十代から六十代のときに書き残したということは、彼のなかにひそんでいる「ある感情」がしだいに噴きでてきたのではないかとの受け止め方をしたい。

それは、どのような感情なのだろうか。社会的な視点が自らの心中に煮え立っていたのだが、それを作品としてあらわすことで、自分が「歴史と向き合う」という覚悟を確かめ得たのではないかと思う。あえて自らを「歴史のなかに存在する一作家」として、その来し方を振り返り、昭和前期という自らの半生の舞台を徹底して批判する覚悟を固めたのであろう。

第二章　「二・二六事件」に収斂された昭和前期

昭和前期の日本を形造ったものの正体

『昭和史発掘』で重要なのは二・二六事件の分量が圧倒的に多いという事実なのだが、松本自身、当初はここまで広がりを見せるとは思っていなかった節がある。実際に二・二六事件の取材・調査をはじめてみると、このなかに、日本の昭和前期がすべて凝縮していると理解したのであろう。

藤井康栄は『松本清張の残像』のなかで、なぜこうなったのかについてふれている。「取材者の立場だけでいえば、後半の二・二六事件が重厚な著述になったのは当然であった。それだけの裏付けがあった。幸運にも上質な極秘資料をかなり入手出来たこと、多くの証言を集められたことで、自信がもてるようになっていた」

さらに外的な要因としてはこの時期に編集長が交代し、「好きなだけやれ」という指示があったことを挙げている。そして、これも藤井の言葉なのだが、「松本清張は二・二六の解明にエネルギーを傾注した。昭和前期の日本を形造ったものの正体に迫らずにはいられない気力が充満していた」という。週刊誌編集部のデスクとして、「二・二六事件」のほとんど全部に「直接にタッチ」したという半藤一利も次のように書いている。「清張さんと昭和史」(『清張さんと司馬さん』所収)からの引用である。

これが二・二六事件というきわめて重要な史実の検証を行った側の自負であり、私はそれがあたっていると思うのだ。

身びいきで言うわけではありませんが、事実を広く収集し、当事者の肉声をできるだけ集め、それをきちんと整理し、固定観念にとらわれることなく、自分の頭で考えやさしく語る、それ以外に昭和史を書くことはできない。そのことを、清張さんはこの作品で具体的に教えてくれたと考えています。

当事者や関係者を丹念に取材しての史実の確認、新証言の発掘、できるかぎり未発表の、しかも信頼のおける史料の発見と、言うことはたやすいですが、いざとなれば大変です。とくにこの作品では、反乱側とそのシンパの文書だけではなく、鎮圧側の諸記録も多数引用、事件に参加した現存の下士官百五十人からの取材も詰まっています。これが、いままでの上層部からだけ事件を見るやり方に、一つの批判を示すことになっています。この大変な取材活動を清張さんとともにやったのが、いまの松本清張記念館の館長藤井康栄さん。彼女なくしてはこの大仕事はやり通せなかった。彼女は当時わたくしの部下であったわけですから、その苦労のほどはよく存じているわけです。

その結果として、正直に言って、二・二六事件はこの書を読めばすべてわかる、真実を知りたいならばこれを読め、というわけですね。なるほど、その後にもいくつかの新資料が発見されて、ときに大騒ぎを起こしていますが、だからといって、この本の真価は毫《ごう》も揺るぎません。骨格に特別の影響を与えてなんかいない。

二・二六事件は、現実に昭和という時代を解明するときの重要な柱になる事件である。歴史家の多くは戦前の日本は、この昭和十一年の二・二六事件によって変わった、もしくは二・二六事件によって日本のファシズムは本格的な軍事主導体制へと移行していき、暴力性を伴った帝国主義的な弾圧を一般化していったというように認識している。私もその立場である。

この二・二六事件をきわめて重視し、そしてそれを根底から検証していくというのは、本来歴史家に限らず、昭和史に関心を持つ者の重要な役割であったと思う。なぜなら、この事件の内実は、戦時下はいうに及ばず敗戦後もしばらくは国民には知らされていなかったからである。

知らされていた事実は当局の発表という枠組みのなかだけで、天皇の意に反した事件の概要、軍首脳が叛乱軍をいかに抑えたかという程度のことであり、青年将校たちが何を訴えたのか、陸軍の軍事裁判でどのように裁かれたのか、天皇の怒りは具体的にいかなるものだったのかについてはまったく明らかになっていなかった。二・二六事件は、占領期の昭和中期にあっても、アメリカの言論統制下で情報が大幅に制限されていた。その真相は昭和二十七年四月二十九日に日本が独立するまで待たなければならなかった。

二・二六事件は、昭和十一年二月二十六日の未明、二十人余りの青年将校に指揮された兵士たち（第一師団の歩兵第一連隊、歩兵第三連隊、近衛歩兵第三連隊などの約千六百人）が政府要人の自宅や永田町の官庁街を制圧して国家改造を迫った事件である。クーデター未遂事件といってもいい。この事件によって、首相官邸の岡田啓介の身がわりに義弟の松尾伝蔵が殺害されたほか、斎藤実内大臣、渡辺錠太郎教育総監、大蔵大臣の高橋是清などが斬殺された。侍従長の鈴木貫太郎は銃弾を浴びたが奇跡的に助かった。

青年将校たちは陸軍大臣の官邸で川島義之陸軍大臣に、蹶起趣意書と要望事項を読みあげ、決起の目的を挙げている。「本事態を維新廻転の方向に導くこと」といい、要は天皇親政による軍部独裁を企図していた。

天皇はこの決起を耳にしたときから一貫して「断固討伐」を口にし、叛乱軍と決めつけて自ら鎮圧にのりだす意思を明確にした。天皇周辺にも青年将校に同情的な軍人（たとえば侍従武官長の本庄繁）がいたが、これらの軍人にも激しく叱責を浴びせている。天皇のこの意思に沿って、青年将校の行動は四日間で鎮圧された。

その後、青年将校は軍法会議で銃殺刑が宣告され、昭和十一年七月十二日に十五人が、翌十二年八月十九日に四人が銃殺された。この四人は、村中孝次、磯部浅一、北一輝、西田税《みつぎ》である。北や西田は直接に事件に関係していないが、青年将校への影響力が問われた。しかしその銃殺刑はたぶんに政治的見せしめだったといわれている。

この事件について書かれた最初の書は、河野司（叛乱青年将校の兄）によって編まれた大部のものなのだが、そこには獄中でひそかに青年将校たちがつづった遺書、あるいは日記の類などが収録されている。これは軍刑務所の衛兵などによって外に持ちだされ、ひそかに隠されていたもので、日本が独立を回復してまもなくにその書は編集、刊行されている。

むろんこの書は青年将校側に立って書かれており、将校の心情や訴えが国民の前に初めて提示されたものであった。

しかし、二・二六事件が持っている本質は、社会矛盾を見ながら高まっていった青年将校の熱情といった見方だけで語ることはできない。

事件をめぐる因果

昭和前期を俯瞰するときに、「二・二六事件前」と「二・二六事件後」という尺度が歴然と存在する。これはどういうことかといえば、二・二六事件にいきつくまでにはいくつかの事件があり、それがしだいに肥大化してついにはクーデター未遂事件にまで達したということだ。因果関係でいえば、果である二・二六事件には多くの因があるということでもある。

その一方で、二・二六事件が因になって、果がつくられていったともいえる。たとえば陸海軍大臣現役武官制の復活や皇道派青年将校に同情的な将兵を要職から追い払った粛軍人事などは、昭和十年代の軍事主導体制を生む因となっている。この事件は多面的な見方をしなければならないが、松本と同世代の論者のなかには、青年将校の側から見る者も多く、それが正確な理解を阻んできた。

前述の半藤の指摘は松本がそういう枠組みを壊しているといっているのだ。二・二六事件を果と見た場合、因となるのはどういう事件や事象なのか。それが『昭和史発掘』では明らかにされている。「相沢事件」や「軍閥の暗闘」などがその前段階である。これらの因は、きわめて短い単位で見た場合ということになるが、昭和初年代から見ていけば、『昭和史発掘』でも取り上げられている「『桜会』の野望」「五・一五事件」「陸軍士官学校事件」などが含まれる。もとより、私にはこのほかにも要因はあると思う。たとえば、昭和六年の三月事件や十月事件、さらには昭和八年の神兵隊事件などがそれに該当するはずだ。

しかし、松本は二・二六事件にいきつくこれらの因についてはは連載で取り上げているが、逆に二・二六事件が因になる事件や事象についてはふれていない。「日本の敗戦に直接に結びついている」という言い方はしている。そこに興味が持たれるが、前述のように二・二六事件にすべてが凝縮していると考えたためだろう。

二・二六事件は、日本のファシズムがピークに達した事件である。この事件以後、昭和二十年までの時間帯を検証すればわかるが、昭和十二年には日中戦争に入り、そして軍事主導体制は二・二六事件の成果として陸軍統制派の幹部たちによって確立され、大きなうねりをつくっていった。

『昭和史発掘』は二・二六事件で止めていたのはなぜか、この点をもう少し重要視して考えることが必要ではないかと思う。前述のように「昭和史発掘」という視点で取り上げるにふさわしい多くのテーマがいくつもあるはずであったが、松本はそこからはテーマを探そうとはしなかった。松本は二・二六事件を調べ、多くの資料を手に入れるうちに、昭和史前期を語るには、二・二六事件を語ることですべて説明がつくとの確信を持ったのではないかと思う。実際に松本は二・二六事件についてふれているところで、こんなことも語っている。

「ふりかえってみていまさら気づくことは、これが日本の敗戦に直接に結びついている点である。その意味で二・二六事件は、これまで歴史上で過小評価されてきた」

過小評価されてきたというのは、昭和四十年代段階において、昭和史を分析する際に二・二六事件の細部が分析されていなかったことを指摘しているわけである。

この事件に関する不確かな情報、事件当事者たちの主観的な判断が語られるということはあっても、裁く側、裁かれる側、そして克明な事件描写というものが世に出ていなかったことを評して松本は「過小評価」といったのだが、まともな研究書さえない二・二六事件について、取り組めば取り組むほど昭和前期の矛盾がここに集中的にあらわれていると理解したのであろう。

同時代史としての「二・二六」

このような清張史観に対して、二・二六事件しか見ていない、戦争に直結しているという考え方はきわめて単純ではないかとの意見がないわけではない。

前述の論をくり返すことになるが、私なりに二・二六事件を因とする考えを補足しておきたい。

松本はこの点についてはは深い吟味を避けているように思うが、とにかく二・二六事件から太平洋戦争までは六年近くの時間がある。その六年で日本がどのように変化を遂げたかというのは、むろん二・二六事件を原因とする側面があると同時に、一方で二・二六事件を超えて存在する日本の基本的な矛盾、たとえばそれは軍内教育の歪みが露出したということもある。

しかも国際的に孤立している日本は、ドイツ、イタリアとの連携を強めることによって英米に敵対する政策に傾く。さらには日中戦争の泥沼化といった変化のなかに、確かに二・二六事件が原因となっているのは事実であるにしても、太平洋戦争に直結していく個別の史実について検証することも重要である。

前述の有馬学も指摘している（「現代思想」二〇〇五年三月号所収の「事実・発掘・資料」）。

二・二六事件以後の歴史はまっしぐらに戦争に至る道程として、過度に単純化されてしまう。二・二六事件それ自体の政治的重みとは別に、昭和戦前期をとらえる枠組みとしては、相当に問題の多い史観である。

有馬はそれを史観というよりむしろ、昭和戦前期を生きた庶民・松本清張に合致する同時代意識としての歴史意識ではなかっただろうかと書いている。

この指摘はきわめて重要で、私もこの見方に与《くみ》するのだが、松本が庶民として二・二六事件に接し、その後三十年を経て作家としてこれを見たときに、実は戦争の萌芽というのはこの時代にあったのだと問うた時代感覚は、私たちに一定の説得力を持っていると見ることができる。なぜそのことにこだわるかといえば、松本のこの歴史意識を「同時代史から歴史への変化」というふうに見てとれるからだ。そのような二・二六事件の記憶と記録を書きのこした作家も歴史家もいなかったからである。

有馬学が書いているのだが、『昭和史発掘』とは、二・二六事件だけを書いたのではないか、二・二六事件の新資料発掘本ではないかと印象づけられているともいう。なるほどそうした見方が成り立つとも思える。

したがって、松本の二・二六事件への視点とは何かを結論づけることは容易である。一例をあげれば、青年将校たちの単純な歴史観、あるいは彼ら自身の情熱が先行してできあがっていく狂信にも似た空間については、厳しい言葉で断罪し批判している。青年将校に特別に同情を寄せていないことは重要である。一兵士の視点で見れば、青年将校はまた軍の統帥を壟断《ろうだん》しただけではなく、兵士を国法にふれる側に追い込んだ張本人である。しかし彼らはまたエリートとして、陸軍の上層部と連動し、ときにその意を受けている傾向さえもうかがえる。

松本はこういった構造を綿密に描きながら、皇道派の要人たち、たとえば真崎甚三郎や山下奉文のような陸軍上層部の狡猾な言動には容赦ない批判を浴びせている。この批判というのは極端なまでに厳しい。天皇制軍隊の神がかりにも似た青年将校の意識、それがどう培養されたかを語り、そうした意識が「天皇」の名のもとに陸軍指導者によって正当化されていったプロセスがわかる構成になっているのである。

松本は表面的に語られている史実、官憲資料、あるいは戦後に生き残った事件に不参加の青年将校たちの回顧録、たとえば末松太平の『私の昭和史』や、大蔵栄一『二・二六事件への挽歌』といった作品を参考にしながら、事件の全体像を描いた。

しかも全体像を描くだけでなく、青年将校たちの経歴や思想、事件当時の動きなども克明に描いたうえに、陸軍内部の人脈からその命令系統、そして天皇や宮中内部の動きもまた詳細をきわめて記述している。

この事件の軍事法廷は俗にいう「暗黒裁判」で、青年将校たちは昭和十一年七月十二日に銃殺に処せられたが、一部の青年将校や指導者たちは事件の全容を解明するために処刑は一年間延ばされた。しかし、その軍事法廷の実態は一般には知らされていなかった。それだけに松本も入手した資料に目を通しつつ、興奮しながら筆を進めていることがわかる。

悪鬼、天皇制の実態を知らず

松本の二・二六事件についての見解や私見、さらにこの事件への基本的な姿勢は、「判決」の章のあとに書かれている「終章」にすべて網羅されているように思う。そこに描かれている視点や論点のいくつかに私は関心を持つのである。それを大まかに整理しておくことにしたい。

この終章は手元にある『昭和史発掘(9)』の新装文庫版(二〇〇五年十一月刊)によるが、まず青年将校のひとりだった磯部浅一の「行動記」「獄中日記」「獄中手記」を分析する形で記述がはじまっている。この磯部の遺稿は天皇に対する呪詛の言葉が書き列ねてあることで有名だが、そうした表現を通して、松本は磯部が天皇制について詳しくは知っていなかったとして次のような分析を試みている。

磯部のいう国体とは、天皇制国家のことだが、それよりも「天皇親政」の国家観念がある。しかし、磯部らの行動は逆に天皇制の破壊であった。そのもっとも端的な表現が「朕ガ最モ信頼セル老臣ヲ悉ク倒スハ、真綿ニテ、朕ガ首ヲ締ムルニ等シキ行為ナリ」(『本庄日記』)という天皇自身の言葉である。裁判が「絶対に我が国体に容れず」ときめつけたのはこの意味である。磯部はそのことに気がつかない。「天皇の名をもつて頭からおさへつけるのだ」とその攻撃する天皇機関説的体制の実態に現実的にふれながら、「天皇の御徳をけがす」として天皇個人と天皇制とを混同する。

そのうえで磯部の「今の私は怒髪天をつくの怒りにもえています。私は今は、陛下を御叱り申上げるところに迄、精神が高まりました。だから毎日、朝から晩迄、陛下を御叱り申しております。天皇陛下、何と云ふ御失政でありますか、何と云ふザマです。皇祖皇宗に御あやまりなされませ」（昭和十一年八月二十八日）といった記述にふれながら、次のようにつきはなすのである。

この呪詛《じゅそ》。怨霊は、磯部の片想いせる天皇の「裏切り」によって、地獄から彼に憑《の》り来たった。……悪鬼、天皇制の実態を知らず。体制側から見て、これはトラジ・コメディ（悲喜劇）である。

そして磯部の法廷での様子を丹念に追いかけている。磯部が収容された獄は近代的な装いではなく、「江戸時代の伝馬町の牢屋を代々木に移したという建物」だったという。その暗さと不衛生は推して知るべしだといい、「もしかりに陸軍当局がこの『嗜虐性』に立って、真崎に対する証人の名目で磯部と村中を一年間獄舎に生かしておいたとすれば、こんな残酷なことはない」と書いている。磯部の記述の激しさはこういう環境で生まれたことも知っておかなければならないというのだ。

二・二六事件で、こういう記述をしているのは松本のみであり、そこに松本なりの歴史を見つめる史眼があるということだろう。

陸軍首脳に陥れられた北と西田

終章の記述は次いで北一輝と西田税に移っている。ふたりの判決文を紹介しながら詳しくその内容を説明していく。ふたりは直接に行動計画を青年将校から聞かされているわけではない。全体に判決文の曖昧さを指摘しているのだが、この指摘は二・二六事件の本質にかかわる部分でもあり、ふたりはともかく「死刑」にしたいという陸軍首脳に陥れられたという見方を主張している。

ところが判決理由は北や西田の言動を決行将校に対して「承認」「画策努力」「指令」「指示」「指導」などの字句を用い、ことさらに北と西田が叛乱将校らの「首魁」だったような印象を与える文章にしている。こうした用語をとりのぞいて判決文を読むなら、それらがことごとく助言や忠告と分る。つまり判決文ですら、そのような主観的な用語を除くと、首謀者とする理由がきわめて弱く出来ており、そのためにこそ裁断的な強い用語が必要だったことになる。つまりは北、西田の死刑が絶対の前提にあって、それに合せるための判決文となったのである。だから、妙にぎくしゃくした文章になっている。

まさにこの判決文は政治判決そのものだったというのである。死刑を妥当とする判士の側に偏見、予断があったのではないかと思えてならないのだ。

この政治判決についての松本の分析も、類書にはない深さである。

「真崎無罪」の意味するもの

そして終章では、皇道派の重鎮とされていた真崎甚三郎にふれる。その判決文を紹介しながら無罪になる意味を具体的に解きほぐしている。この判決文のおかしさは、真崎の被告としての犯罪行為を次々に指摘していき、さらに他の証拠もあってこれを認めるのに困難ではないとしながら、結論として次のようになるというのだ。そのことを松本は鋭く突いている。

《……然ルニコレガ叛乱者ヲ利セムトスルノ意思ヨリ出デタル行為ナリト認定スベキ証憑《しょうひょう》十分ナラズ。結局本件ハ犯罪ノ証明ナキニ帰スルヲ以テ、陸軍軍法会議法第四百三条ニヨリ、無罪ノ言渡ヲナスベキモノトス》

主文は「被告人真崎甚三郎ハ無罪」である。

延々として被告の犯罪行為を挙げ、他の証拠によってこれを認めるのに困難でない、と述べたところを「然ルニコレガ叛乱者ヲ利セムトスルノ意思ヨリ出デタル行為ナリト認定スベキ証憑十分ナラズ」とわずか四十二字で全部ひっくり返したのである。どんでん返しというか突然変異というか、もし傍聴人が居たら唖然としたにちがいない。

最後の部分を一読しても、文章の流れが突如として逆流していることが分る。流れがいったん停頓し、徐々に方向を転換するといった自然的なものではない。木に竹を接いだという言葉があるが、九分九厘までの樹木の端に残り一厘の竹を接いでいるようなものだ。いいかえると九割九分までの黒に一分の白をもって、全体を「白」といいくるめたようなものである。

この判決文の奇妙さはこれまでも多くの史家によって指摘されていたことだが、松本もそれにしたがいながら、被告たちの行為を助ける心情はなかったとの奇妙な論を暴きたてるのである。なぜこうなったのか。当時の陸軍上層部の動きにふれながら、独自の立場でなぜこういう判決がだされたのかを松本は説明するのである。

この説明は確かに説得力がある。『西園寺公と政局』といった第一級の資料を用いながら説明をする。真崎に無罪の判決がだされたのは昭和十二年九月十五日である。この判決文を陸軍大臣の杉山元は天皇に届けている。これについて小川関治郎元法務官の手記の一部を紹介している。

（前略）聖上には判決を具《つぶさ》に御覧になつて御手元に御収めになつたとのことである。恐らく未だ曽て裁判事務の為に斯程《かほど》に大御心に留めさせられ、特に大臣の奉呈した判決までも御覧になつた事は其の例がなかつたとのことである。本事件の為に如何に宸襟を悩ませ奉つたか、之を拝察するだに恐懼《きょうく》の極みである。

そのうえで判決文を天皇のもとに置くのは例がないことといい、これによって二・二六事件は事実上解決したことになるとしている。これを踏まえての松本の一文は、その歴史的立場と怒りが直截にあらわれているともいえるのだ。とくに下級兵士に目をむけての、それもさりげなく書かれている内容は、この事件のふたつの側面（陸軍上層部の権力闘争とそれにまきこまれる兵士たちの姿）への松本なりの立場ということになるのではないかと思う。

この「真崎無罪」判決と「大赦詔勅」論とのからみ合いでも知られるように、皇道派の実力は平沼騏一郎一派が継承し、近衛内閣に圧力をかけ、事件発生時の天皇の気持をよく知る木戸や杉山まで真崎裁判について軟化させている。このへんに東京軍法会議の限界と、破滅戦争に向かう足音が聞える。だが、「真崎無罪」判決文に対し一言の不満も洩らせずに謄写を手もとに保存する天皇の姿に、天皇の権限をも無力化している天皇制の本質がある。

ともあれ、「二・二六事件」はこうして終った。そしてこの頃、二・二六の初年兵たちは、歩一歩三の二年兵として応急派兵され、北支の戦線でたたかっていた。もと安藤隊だった歩三第六中隊など、この戦闘でほとんど全滅したという。

北に対する清張の個人的感情

以下、「裁判余話」という形でこの暗黒裁判についてふれるのだが、衆議院本会議での民政党斎藤隆夫の演説を紹介し、「政党人が見せた最後の心意気」を讃えている。ここにも松本の史眼があらわれているといえるだろう。
そのうえで、二・二六事件についての記述で心したことは次のようなことだともあらためて書きのこしている。

資料をもって語らせる以上、事件に対しての受け取り方は読者に委せている。わたしの文章は資料と資料の間をつなぐ説明であって、決して思い上がった「解説」ではない。ときに感想を書いているが、それはわたしの随想的な断片にとどめ、資料の印象を拘束しないようにつとめている。

この言い訳ともいえる一文に接したときに、私にはあることがわかった。「週刊文春」誌上に二・二六事件が連載されていたのは昭和四十二年から四十六年という頃だが、このときにはまだ事件関係者も存命していたし、こうした運動に魅かれている団体もいたはずである。私自身、ちょうど昭和史の聞き書きをはじめたときに、元軍人やかつての国家改造運動に従事していた者が松本を悪しざまに罵る言を何度も聞いた。
その罵倒の言は大体が「共産党員説」である。その頃は自分に気にくわないことを書く者は大体が「アカだ」といって排撃される傾向にあったが、松本はしばしばそのターゲットになっていたのである。そういう状況を肌身で感じていたからこそ、こういった表現で「資料に語らせる」ということを書きたしたのではないかと思う。そういう圧力も感じながら『昭和史発掘』を書いた松本の勇気自体も誉められるべきだと思うのである。

以下この終章は、この決起がなぜ失敗したのかなどにふれ、北一輝の思想も解剖している。青年将校の失敗は「天皇個人と天皇制の実体を十分に理解し得なかったことから」であり、「自家撞着による破綻」だったと結論づけている。その視点とは別に、やはり「いったい北一輝とは何だったのか」という問いは重要であるとして北一輝論を展開している。のちに松本は『北一輝論』を上梓するが、この終章の内容はそのための準備運動ともいえるだろう。

北について、松本は「北一輝の思想的生涯は未熟と浮動の一語に尽きる」と決めつけている。そして北の思想やその軌跡を分析していくが、「北を超国家主義の大物視するのは誤りである」と断言し、二・二六事件がなければ大川周明にははるかに及ばず、「右翼の事件屋」程度で終わっていただろうともいう。北個人には事件は悲劇だったが、「誤解に満ちた評価を受け、誤解に飾られた評伝を書かれたことにより栄光をうけたことになる」と書く。よほどの北嫌いだったことがわかる。若いときに才気走った書を書き、「天才の讃辞を諸家から受けたこと」にその理由はあるとも書く。松本の個人的な感情が入っているのである。

この「二・二六事件」の終章の末尾にある松本の史観は、昭和史を検証するときの中心に位置する見方である。私も大体がこのような見方をしていることをあらためて記しておきたいが、現在のアカデミズムにおいてもこの見方が定着しているのではないかと思える。

二・二六事件後は石原莞爾の急速な擡頭《たいとう》となり、一時期、「石原時代」を現出するかにみえた。だが、やがて梅津美治郎（陸軍次官）らを中心とする「保守」派の捲き返しとなり、石原グループの「満州組」は崩壊し、石原自身も子分にはなれられて孤立し、やがて東条英機らにより軍部からも追い出された。その間も軍部は、絶えず「二・二六」の再発をちらちらさせて政・財・言論界を脅迫した。かくて軍需産業を中心とする重工業財閥を抱きかかえ、国民をひきずり戦争体制へ大股に歩き出すのである。この変化は、太平洋戦争が現実に突如として勃発するまで、国民の眼には分らない上層部において静かに、確実に、進行していた。天皇の個人的な意思とは関係なしに。

二・二六事件の本質とは何か

このように松本の「二・二六事件」を見てきても感じられるのだが、二・二六事件についてのいくつかの重要なことは、いまだに論じられていないと思っている。二・二六事件については五百冊余に及ぶ書があり、いわゆる「二・二六関連業界」といっていいほど多くの書が生まれている。このなかで、どれがもっともこの事件を的確に語っているかといえば、『昭和史発掘』の「二・二六事件」と、高橋正衛の『二・二六事件』（中公新書）と限られている。なかには、あたかもこの事件を「忠臣蔵」のごとく語る論者や作家もいる。松本はそのような論に釘をさしていた。

また、戦後社会のなかで、生き残った青年将校やそれに同情する人たち、そして動員された兵士たちの思いもあって、なかなか客観的に語られることができなかった。それゆえに二・二六事件を美化したり、あるいは事件の青年将校をまるで英雄のごとく扱うような論も広まり、その流れは今に至るも見られるのだ。

こうした二・二六事件の誤った歴史的理解というのは、私たちの国の戦後そのものの体質が問われているということでもある。

二・二六事件について私の考え方を明確にしておくならば、私は青年将校が、天皇が「股肱の臣」と見ている老臣たちを「君側の奸」と称して斬殺するというその行為に対して、まず人間的な意味からの批判があると思う。同時に彼らは、政治的権力の実効性を担うために「要望事項」を示すのだが、そこには陸軍の派閥内でしか通用しない考え方しか提示されていない。

そういった青年将校たちの持っている一面的な理解のために、要人を殺害するその残虐性はとうてい容認できるものではない。

二〇〇六年二月、「週刊文春」に、ある内務省関係者の遺族から斬殺現場の写真が持ち込まれている。私はそれを見てコメントを寄せたのだが、この青年将校たちの暴力性のなかに、度しがたいほどの人間的な退嬰《たいえい》を見る思いがした。この「人間的な退嬰」というのは、私たちの国の文化そのものにも関わりがあるのではないかと思う。

しかし、本質的に二・二六事件で語られなければならないのは、こうした青年将校たちの暴力や熱情ではなく、天皇がいみじくも断固討伐を主張したように、青年将校たちが訴えていた天皇親政というスローガンは、まさに天皇自らが立憲君主制という旗のなかにとどまっていることを根本から崩す挑戦であったということである。それは天皇に対する「謀反」という意味も持っていた。だからこそ天皇は事件に対して、鋭くその犯罪性を見抜き、断固討伐を要求したのである。二・二六事件は昭和十一年二月二十六日から二十九日まで四日間つづき、そしてそれが鎮圧されてひとまず終わったかのように見える。

しかし、本質的に二・二六事件はそんな単純なものではない。その本質というのは、前述の終章で松本が指摘したようにその後に政権を担った寺内寿一陸相をはじめ、梅津美治郎陸軍次官といった統制派将校たちの進めた陸軍の政治的な実権性にある。

たとえば粛軍人事の名のもとに、二・二六事件の青年将校に同情的であったり、いかにも同情したかのような言を吐いた人たち、あるいは統制派に不快感を持っている人たちは一斉に軍から追われてしまった。

昭和十一年八月、三〇〇〇人におよぶ軍の中枢の人事異動が行われ、青年将校の動きに共感した軍人たちは、予備役になるか、退役を要求されるか、あるいは東京から三〇〇キロ以内には近づけないというような内規まででき上がった。これによって陸軍省を動かすのは、統制派の反皇道派的な考え方の幕僚だけになってしまった。これらの幕僚を松本は「保守派」と評している。

それが陸海軍現役大臣武官制を生み、陸軍省、海軍省はともに軍務課というセクションを新設して、政治的意見はそこからしか外に諮《はか》れないといういくつかの改革を行った。その改革というのは、陸軍が中心になって国家体制の中枢を担うという高度国防国家の実現であった。

二・二六事件を見るときには、ふたつのことを見抜く目が必要である。ひとつは青年将校の歪んだ愛国主義、もうひとつは統制派の歪んだ高度国防国家構想である。このふたつを見抜くことで二・二六事件は実は四日間で終わっていないことが明確になる。そして松本はより深い視点で、この事件に伴う人間関係を描きだしている。

その功績は、二・二六事件を歴史のなかにおいて鋭く分析しながら、資料を通して、松本の怒りを屈折した見方で軍人を描きだしたという点にもある。

叛乱将校たちが持つ不純性

松本が昭和四十年代に二・二六事件を書いたときは、年齢は六十代に入っていた。その年齢の松本が三十年以上前の、自らが同時代のなかで見聞した二・二六事件を取り上げたときに、その心中にはいかなる感情があったのだろうか。

私は、松本が書いた膨大な「二・二六事件」を読みながら、その心中の根幹に権力者への怒りが据えられ、ときには露骨に書きあらわされている点に興味を覚える。前述のように北一輝に冷たい筆調には大陸浪人の歴史的役割に通じる怒りが読みとれると思う。

『昭和史発掘』の二十の事件・事象の視点から見れば、二・二六事件は各史実を糾合する形で、つまり「昭和」という時代の歪みは実は人間の歪みに端を発していたと見ている。

二・二六事件の本質はファシズムの呼び水で、そして叛乱将校の情念が軍事指導者たちに巧みに利用されたことはまちがいない。憂国に富む軍事行動というような認識は一見妥当性のあるように見えるが、私はそれが正しいとは思わない。

戦後の歴史解釈のなかで具体的に語られることは少ないが、真に大事なことは、二・二六事件の青年将校たちがいくつもの不純性を持っていたということである。その不純性を蹶起趣意書で読むと、彼らは神がかりともいうべき国体観念を持っているが、同時に決起の後、川島義之陸軍大臣に突きつけた八項目の「要望事項」には、啞然とする内容が多い。つまりそれは、軍内人事抗争の一環とさえ思えるほど権力欲に満ちた内容である。

おそらく松本は、青年将校たちが持っている政治性に対してきわめて批判的ではあるけれども、同時にこの青年将校たちを近代日本の流れのなかで見れば、ある種の犠牲を背負い込んでいるとも感じたのではないか。彼ら青年期の情念はある日突然作られるというものでは決してなく、近代日本の陸軍という組織が必然的に生みだしたものであるということを主張しているように思う。

松本は、明治三十年代に生まれた青年将校たちとほとんど同世代である。なかには同じ明治四十二年生まれという将校も含まれている。そう見ると、青年将校たちと同じ世代体験をしていいながら、むろん彼らとは置かれた状況は違っているにせよ、同時代のなかで見つけた状況への怒り、あるいは時代そのものが抱え込んでいる問題点を青年将校とはまったく違う視点で見つめていたことは想像できる。

「二・二六」に至る陸軍内部の抗争

松本は『昭和史発掘』のなかで二・二六事件にふれる前に、いくつかの軍事的な項目についてふれている。「軍閥の暗闘」「相沢事件」などの見出しがそうなのだが、これらは大きくいうと二・二六事件に含まれる。しかし、あえて二月二十六日から記述をはじめないで、「相沢事件」、つまり昭和十年八月の相沢三郎中佐による永田鉄山陸軍省軍務局長殺害事件にふれ、そしてその裁判を記述しながら二・二六事件に入っていっている。

「軍閥の暗闘」というのは、昭和初年代の陸軍内部の派閥抗争を分析したのだが、相沢事件のような不祥事がなぜ起こるのか、当時の陸軍内部にはどういう派閥があったのか、その点をわかりやすく読者に提示している。とくに永田鉄山が相沢三郎によって殺害されたあとの法廷の模様や軍内の変化なども丹念に追いかけている。昭和初年代の陸軍についてさほどの知識がなくてもこの章を読むことで、当時の日本陸軍の内部はわかってくる。統制派と皇道派の確執が高まっていたのだ。

二・二六事件の伏線はどのようなものであったのかも窺い知ることができる。

この「軍閥の暗闘」の章には、興味深い分析や表現がいくつも出てくる。軍内でまかれた怪文書も分析している。とくに統制派より出されて今に至るも十分に知られていない怪文書なども紹介されている。なぜ青年将校が二・二六事件を起こしたのか、という説明をするためにこの章に多くの頁をさいて説明をつづけている。

青年将校たちが国家改造運動に傾斜していくときのその意識のなかには、反資本主義、反支配階級的な側面があったと分析する論者もいる。たとえば仲正昌樹の『松本清張の現実《リアル》と虚構《フィクション》』（ビジネス社）のなかには、「若い将校たちに対して施してきた社会科学的な教育が、国家の危機に際して、権力の上層部にとって裏目に出たわけである」という一節がある。確かに将校教育にそのような面があったことは事実だが、しかし松本はそれを超える天皇への帰依《きえ》の精神のほうを探り、反支配階級的側面をそれほど重視していないように思える。

確かに陸軍の青年将校の意識をみるのに、「相沢事件」や「軍閥の暗闘」は重要な示唆も試みている。その示唆のなかに、松本なりの見方があるのは事実である。

では、この「軍閥の暗闘」のなかでどういったことを松本は強調しているのだろうか。

ひとつには、相沢三郎の公判に至るまでの内実にある。さらに昭和十年には、陸軍では天皇機関説排撃運動が盛り上がっている。国体明徴運動と天皇機関説排撃運動はほぼ一体化しているのだが、ここで窺えるのは、天皇を日本の憲法でいう「主権者」として単に偶像視するのではなく、天皇自身が現実に政治を動かし、天皇の親政による政治を強く望むというようなことが要求されていることだ。青年将校たちが抱いていた思想、その思想のもとで天皇機関説排撃運動は進められていった。

天皇機関説は、東大の憲法学者美濃部達吉が唱えたように、天皇といえども国家の一機関と分析するがゆえに、そこに当然制約も出てくる。国家としての枠組みでの理解が必要になってくるという当たり前の視点に対して、陸軍の青年将校や在郷軍人会、それに親軍派の政治家などがこの天皇機関説を激しく批判した。「国体があって国家がある。天皇は国家の上に君臨する存在である」というのである。

日本全体が昭和十年頃からおかしくなっていくが、松本はそのことを「相沢事件」と、陸軍が全国的に主導した天皇機関説排撃運動とに求めている。

その論じ方はきわめて正しいと同時に、その視点で見ないとこの時代は理解できない。

「二・二六前史」として検証された相沢事件

相沢事件に至るプロセス、そして相沢事件、その背景としての皇道派と統制派の対立、そういう歴史上の流れは二・二六事件の前史として丹念に検証されているが、松本なりの見方をあらためて整理してみることにしよう。とくに松本の理解、あるいは松本の考え方が示されている表現とその内容を取りだしながら、それを確認する必要がある。

相沢事件は、松本が具体的にあらわすまで深くは知られていなかった。昭和三十一年に刊行されてベストセラーになった『昭和史』（遠山茂樹、今井清一、藤原彰著、岩波新書）には、この相沢事件の記述は三行程度であった。それほど一般には知られていなかったのである。それが松本によって初めてといっていいほど知らされることになったが、単に事件を紹介するのではなく、この事件の背景が克明に説明されている。

とくにこの頃、陸軍周辺でまかれたパンフレットや怪文書を分析している点で興味が持たれるのだ。

統制派と皇道派の対立は、怪文書の応酬という面もあったのだが、松本はこうした怪文書は真実をどこまで伝えているか疑問だが、まるで真実とかけ離れたことを書いているわけではないとも認めていた。そして、「では、怪文書の出所はどこか。統制派のそれは、前記のように片倉衷少佐や池田純久少佐らが浪人に情報を流して書かせたという説が強い。皇道派の怪文書は、真崎、荒木らの口から出たものが平野助九郎少将を通じて洩れたものが資料となっている」と書いている。

皇道派は真崎が教育総監を更迭されたのを機に、統制派の林銑十郎や永田鉄山らに激しく反発を示していくわけである。永田を斬殺することになる相沢三郎についての記述もきわめて細部にわたっている。さらに資料を見ただけでなく、その周辺の取材も熱心に行われたということだろう。その人物評は次のようなものだ。

公訴事実にも、相沢の性格を、

《資性純情朴直にして感激性に富み、……軍人精神を涵養《かんよう》するに伴い尊皇の信念益々鞏固《きょうこ》となり、任官後常に奉公の全からざらんことを憂い、或は明治維新志士の伝記を愛読してその言行に私淑し、或は禅門に入りて心神の修養に努め、私心を去り、至誠皇基の恢弘《かいこう》に邁進《まいしん》せんことを期するに至り》

と断定しているから、これ以上何もつけ加えることはない。ただ、彼が「感激性に富」んでいた点が、その「純情朴直」と合して狂熱的《ファナティック》なものに奔騰《ほんとう》する型であったことを言い足したい。このような人間はわれわれの周囲にもよく見かける。ただ、相沢の場合、その度が強すぎていたのだ。それが思いつめたときに精神の錯乱ともなった。

この純朴な中佐は、永田が真崎追いだしの役割を担っていると判断して憎悪の念を持ち、福山の連隊から休暇をとって東京に出てきている。相沢は陸軍内部では直情径行のゆえに何らかの行動を起こすと不気味に思われていたというのだ。

そして昭和十年八月十二日に軍務局長室に行き、永田を斬殺するわけである。天誅を加えたと皇道派の幕僚の部屋に行って報告するのだ。

松本は、真崎の更迭については統制派とか皇道派というのではなく、実は林にこれを進言したのは永田ではなく、参謀総長の閑院宮ではなかったかと書いている。この見方は必ずしも史実として定着しているわけではない。だがこれが史実として歴史に刻まれたときに、私たちは昭和史のもうひとつの側面を知ることになるはずだ。それほど重要な指摘である。

閑院宮は杉山次長の更迭さえ希望した。彼は、参謀次長時代の真崎を大いに嫌悪した。教育総監となった真崎が、人事にいちいちくちばしを入れて軍政をはばむなら、思い切って彼を切れと林に強くいったに違いない。教育総監罷免では、はじめ林の態度に躊躇《ちゅうちょ》がみられたが、遂に勇断にふみ切った。それも他からの強圧で仕方なしにやったという受身の勇気である。そのことは、永田が殺された直後辞意をかためた林が自ら「五ケノ責任問題」とメモした中に「友情ニ反スル個人的情感」の一項を記した心情でもうかがえる。林が真崎との板ばさみに苦しんでいたことがよく分る。

真崎罷免の命令者は閑院宮参謀総長であった。そう考えて間違いないと筆者は思っている。ただ、どの記録も皇族のことは省いている。秩父宮にしても、東久邇宮にしても同じである。資料の上で閑院宮が出ていないだけであろう。

閑院宮を真崎罷免の張本人とすれば、いっさいの符節が合ってくる。

前述のように相沢の性格が、誰かに利用されたのではないかという点も松本は検証している。結論を出していないが、真崎更迭の命令者が閑院宮だったという点も含めて、資料を深く読んでいって人間の心理を分析している。この手法によって、独自の仮説を私たちに提示している。私はこうした見方は当たっているのではないか、との思いがする。

しかし歴史的には真相は藪の中である。『昭和史発掘』はまさにある段階で推理を止めなければならないが、それらはいずれも私たちに現実の歴史も所詮は人間ドラマであり、どれほど資料で埋めていってもわからないということを教えているかのようだ。

アカデミズムでも、ジャーナリズムでもない手法がやはり昭和史の「真実」を浮かびあがらせることになるのかもしれない。

清張がとらえた天皇制の本質

さて、こうした「相沢事件」に見られる視点は、二・二六事件にあっては天皇の感情についてどのような言及をするのかに関心が持たれる。私が一貫して興味を持っているのは、昭和天皇の怒りと決起の失敗の関連性だが、それについて松本は、興味深い書き方をしている（『二・二六事件＝研究資料』）。

「天皇制のもとでは、その国家体制に益する場合のみ天皇個人の古代神権の絶対性が発揮される。もしそれに反した場合は、天皇制のもとにそれは封じ込められる。二・二六事件の場合はその後者の顕著な例である」

そのうえで、「二・二六事件の叛乱軍将校に憤激した天皇も、二・二六事件後は軍部の妖怪の前に無力化した。それが天皇制の本質というものである」と断定している。

この部分は、天皇制が持っている自己防衛装置にふれているのだが、清張史観にはこうした本質も見えてくる。

松本の「二・二六事件」が歴史的であるというのは、前述のように数多くの資料を集めたこともあるのだが、そのなかには、たとえば叛乱軍被告将校らの憲兵尋問調書、香椎浩平戒厳司令官、堀丈夫第一師団長、佐藤正三郎歩兵第一旅団長、小藤恵歩兵第一連隊長などの憲兵隊事情聴取書、さらに歩一機関銃隊をはじめとした歩一、歩三各連隊内での参加下士官兵への取り調べ報告などがあり、そうした資料を通じて叛乱軍の意図というものをつかんでいる。

また一方では、鎮圧側のものを見ないと完全に資料をつかんだとはいえないとしたうえで、安井藤治戒厳参謀長の日記と手記、戒厳指令部関係資料、橋本虎之助近衛師団長メモ、間野俊夫判士手記、軍法会議関係資料、中尾金弥判士日記など、多数の資料名を連ねて記述し、「従来一般には未見のものを駆使して叙述した」とその特徴を語っている。

こういった二・二六事件を徹底的に調べたうえでの結論は、「天皇の怒りにふれた」という事実がありながら、次に鎮圧に成功した軍部の主流派の動きにはほとんど無力化したというところに昭和前期の天皇自身の不透明な姿を見ているように思える。

アカデミズム、ジャーナリズムに与えた影響

松本の「二・二六事件」についての評価は各様なのだが、注目すべきものとしては、たとえば『松本清張全集』の解説に、家永三郎の「極秘資料を豊かに駆使している点で、実証的にもこれをしのぐ研究はまだ出ていない。特に全く秘密の壁の中で処理された特設軍法会議の暗黒裁判をえぐり出した部分は圧巻である」という指摘がある。

これはまさに従来の歴史研究を超えた独自の昭和史像がそこにあったという意味にもなる。つまり、あらゆる資料を使って、事件の全体図を克明に描くことによって、本質的にこの国が持っている「近代日本の矛盾」を松本は描きだしたと讃えているのである。

私は、二・二六事件が抱え込んでいる「近代日本の矛盾」は事件に至る半年間、そして二・二六が終わってからの半年間を分析しないと、この本質はつかめないと思う。松本は二・二六事件に至る半年間を徹底して分析したわけだが、事件のその後の半年間については、それほど深くは検証していない。

それはなぜか。もしその後の半年間に取り組めば、おそらく昭和史を解明するという意味が変わってしまうからと考えたのだ。この半年間には広田弘毅内閣の事件の処理が後手後手に回り、寺内陸相、梅津陸軍次官、磯谷廉介軍務局長らの陸軍指導者が政党政治を押しつぶしていく。そこを分析するには資料は不足しているし、青年将校を巧みに利用する寺内や梅津らの首脳部についての考え方がまとまらなかったのだろう。検証を試みると、アカデミズム的手法しかなく、それを嫌ったのではないかと私には思える。

ただし、そういうことを踏まえたうえで昭和四十年代以降の歴史研究に、この書はどういう影響を与えたかについてはふれておく必要がある。

昭和前期の現代史のとらえ方は『昭和史発掘』の後、かなり変化してきた。つまり、家永三郎なども認めるように、アカデミズムにも「実証性を尊ぶ」という方向性が促されることになり、それは歴史学研究の次の世代、当時三十代、四十代だった研究者に引き継がれていったように思う。私と同年代の研究者にはこのタイプが多いように思うのだ。

一方で、『昭和史発掘』の二・二六事件の手法にふれて、もっとも大きな影響を受けたのはジャーナリズムの世界でもあった。それまで昭和前期の現代史についての報道には偏狭な思い込みがあり、あるいは史実が都合のいいように操作されていた節さえあった。

もっとも端的な例は、「隠されていた真実」「初めて明かされる事実」というような類の見出しがしばしばジャーナリズムに躍るのであったが、その内容は史実それ自体を客観化して見るのではなくて、主観的判断や好悪の感情が昭和史の理解尺度にもなっていた。もとより『昭和史発掘』刊行前後のジャーナリストの主流は、いずれも昭和初年代の教育を受け、昭和十年代の空気を吸っていたがためでもあった。

昭和二十年代の戦後民主主義の空気を吸ってきたジャーナリストたちが、昭和前期に関心を持つのは、前述の『昭和史』（岩波新書）に盛り込まれた唯物史観の発想に基づく昭和史理解によってであった。ともすれば感情や時代感覚だけで論じてきたジャーナリストの昭和史というのは、松本の『昭和史発掘』以後、見事に消えていき、逆に唯物史観にかたまって昭和史を見ていた新しい世代が実証性を尊ぶ方向に進んだように思える。

この「実証性」というのは戦後の教育内容とほぼ一体化していて、実証主義を学問体系の軸に据えていた。昭和史研究もまた、「実証性を尊ぶ」という方向に進むのは当然のことだった。皇国史観のような感性的な史観は自然と消滅していく宿命を持ち、そして、新しい世代に対して清張史観は、事実を収集し、関係者の肉声を確かめ、資料を見つめ、それを分析し、その理解を平易に語るという姿勢こそ、歴史を語り得る条件だと教えたのである。

むろん私はそうした松本の清張史観の継承者でありたいと思うが、しかし、私たちをはじめとする次の世代が、清張史観を現実に身につけて史実を論じていくことが、時代の潮流のなかで重要な位置を占めるべきだ。

この松本の主体的意志は別にして、私たちが理解する昭和史は、「事実をもって語らしめよ」という理知的な姿勢を持つべきで、それが清張史観の歴史的な業績ではなかったかと思う。ジャーナリズムの側にあってその姿勢を継承したいと志す者にとっては、清張史観の記録、姿勢を現実に身につけることで、初めて昭和史の継承は生命力を持つはずだ。『昭和史発掘』を真に理解するためには能力とエネルギーが必要だということを知る必要があるのではないか。

清張の北一輝観

私は「二・二六事件」の終章のなかで、北一輝を軽視する松本の見方を語ったが、この終章とは別に「二・二六事件」のなかに「北、西田と青年将校運動」という一章が設けられている点に注目したい。そこで北一輝、西田税を軸にしながら、民間右翼の動きについてふれている。この章では初めに北の動きを丹念に追いかけている。

そのことから、北の動きを詳細に見つめたあげくに、松本は北を嫌いになったということが図らずもわかってくる。北が辛亥革命時に中国の革命家とつながりを持ち、その支援を行ったことはよく知られているが、その動きもよくとらえている。北の「日本改造法案」の内容も具体的に分析されている。そのうえで北の革命思想が、どのように青年将校に理解され、それがいかなる形を生んでいったのかということがやはり確認されなければならないとする。

北は明治十六年の生まれだから、青年将校や松本らの世代とは二十余年の開きがある。政治的、社会的にもまったく異なる肌合いを持っている。

私は北に嫌悪感を示す松本の側に、奇妙な錯綜した意識があるように思う。それはこの「北、西田と青年将校運動」の章を見ていくとわかってくる。確かに松本は自らが育った時代の空気で見て、北の掲げている思想は自分が青年期になじんだ思想ではないとの反発も持っただろう。さらに北がいう「改造国家」というのは、天皇と在郷軍人会議とが枢軸となっているにすぎないと分析している。

北の改造法案における「改造国家」とは、天皇と在郷軍人会議とが枢軸になっている。だが、その天皇とは「国民の総代表」である。いわば国民の一員であって、雲の上から降りてきている。天皇は雲上にあってこそ神格化されるが、「国民の総代表」としてその一員になってしまえば、現人神《あらひとがみ》ではなくなってしまう。しかるに北は何かといえば改造に当っては「天皇大権」をふりかざしている。この天皇大権とは神格化された天皇によってのみその威令が可能なのであって、「国民の総代表」なればその神秘的な絶対君主の立場は喪失する。いまさら「天皇大権」を叫んだところで権威のない、空疎な響きしか持ち得ない。ここに北の矛盾がある。

もとより怜悧な北がこれを知らぬはずはない。すると国家改造を行う手段として、その過渡期として「天皇大権」を称したのであろうか。過渡期では未だに現人神の幻影が残っているので、その号令によって改革がしやすいからである。その意味で、天皇に忠誠なる在郷軍人団（実は現役軍人団の実力）を改革のための破壊と建設に用いるとしたのは適切な方法である。

こうした北分析を通じて松本は、青年将校のなかには北の「改造法案」に反発を覚える者、あるいはそれに惹かれていく者にはっきりと分かれたという。たとえば、北の「日本改造法案」はいわゆる右翼の側の思想というよりは、むしろ左翼につながる考え方だと縷々《るる》説明していく。これが前述の一部の研究者がいう階級批判だという見方になる。

現体制の不合理部分を根本的に除去し、その改革を意図するなら必然的に天皇制の資本主義機構を廃止しなければならない。右翼的な改革思想が左翼の革命思想に実行の段階で接近してゆくのはこの点である。ただ、北をはじめ右翼の思想家は「天皇大権ノ下ニ」という天皇絶対主義を唱えたが、天皇を包む核の構成が崩壊しては天皇制そのものの崩壊にひとしい。残るのは天皇個人ということに不安定な存在である。絶対機構があってこそ、天皇の権力は護られる。

もし北のいうように天皇から重臣層を退け、皇室の藩屏を切断し、資本主義を廃するという一種の国家社会主義体制が出来上ったら、天皇周辺の新しい重臣層は「在郷軍人団会議」となる。在郷軍人団とあるがこれは用語のごまかしで実は現役の軍部のことだとは前に書いた。天皇は完全に軍のロボットとなり、「天皇ノ大権」は、彼らの都合のいい時にだけ利用されるのである。すでに天皇制の下に発達した資本主義機構を廃止し、それに付随する権力機構を潰滅しているのであるから、軍部独裁によって国家の崩壊は必然ということになる。

こう書いたうえで、松本は北が「天皇と天皇制を混同した錯誤」がここにあらわれているという。しかし前述したようにこうした解釈だけで終わるなら、北は〃左翼〃に通じるという漠然とした言い方しかしていない。松本の分析が特筆される理由は、実はここからさらにはじまるのだ。どのような具合にか。もし北がこの錯誤を知っていて「日本改造法案」を右翼運動家に与えたとすれば、「北の意図には軍ファッショからくる天皇制崩壊の革命の狙いがあった」と見るのである。

中国革命を見てきた北の心理にはこうした意図がなかったとはいえない、と松本は書く。北にこうした意図があったか否かは、今となってはわからない。だが北がその心底には左翼革命につながる芽を持っていたと指摘した人物に一度だけ会ったことがある。それは昭和初期の農本主義者橘孝三郎で、彼はむしろトルストイアンなのになぜ五・一五事件に民間側から連座したのかと私が問うたとき、橘は「北の思想は形を変えた革命であり、陸軍の青年将校がそれに踊らされるのは私の手ではどうにもならなかったが、海軍の士官にまでそれを及ぼしてはいかんと思った」と答えた(昭和四十八年のインタビューで)。その言は図らずも松本と同じ指摘であった。

北の「日本改造法案」は確かに〃魔王の書いた不気味な書〃だったといえる。

私の見るところ、北の「日本改造法案」が持つ真の意味を理解した人は日本にはそれほどいるとは思えないが、少なくとも松本はそのひとりで、北のなかに潜んでいる日本的な装いをした、右翼、左翼の両翼を超えた革命理論を見抜いていたのではなかったか。

日本の右翼陣営が持っている天皇論、天皇制というものとは矛盾した形を松本は見たのであろうし、それだからこそ二・二六事件の最大の失敗は天皇の反撃であったということになる。天皇はその意味を知っていたと分析するのである。

「桜会」の未遂クーデターが意味するもの

『昭和史発掘』のもっとも大きい功績は、二・二六事件に対して感情的な理解の退路を断ち切ったという意味がある。退路を断ち切るとはいかなることか。青年将校の持っている国家観、国体観、あるいは青年将校の起こしたクーデターがいかに悲惨で、残酷であったか、それは政治的にいえば、日本の制度の、まさに天皇制の歪みであったと松本は声を大きくして説いたと見るべきだろう。この点についての具体的な例証はつけ加えておく必要がある。

『昭和史発掘』には軍事的なテーマと非軍事的なテーマがあると、私は第一章で述べた。二・二六事件が果とするなら、因にあたるいくつかの事件や事象があったともしばしばくり返してきた。私にも、昭和前期というのは、つまりは二・二六事件にいきつくまでのすべてが予定されていた事件ではなかったかと思える。

その因として取り上げられているのは、「『桜会』の野望」「五・一五事件」「天皇機関説」「陸軍士官学校事件」などである。このほかにも「京都大学の墓碑銘」や「天理研究会事件」も国家権力による弾圧事件という分類がされる。そしてそこにも陰に陽に軍事的暴力の影が見え隠れしているように思う。

二・二六事件をこうした暴力の最終的な仕上げと見れば、京大の滝川事件も、美濃部達吉の天皇機関説や天理研究会の教祖のお告げへの弾圧も、二・二六事件にいきつく道筋だった。なにしろ二・二六事件のあとは思想・宗教への徹底した弾圧は度のすぎた傾向を帯びるからである。ちなみにつけ加えておけば、プロローグで紹介した私の著作『死なう団事件』の死なう団もこういう流れのなかで捉えることができた。

二・二六事件にいきつくまでの個々の事件（因となる事件）について、松本はどういう見方を提示していたか、そのことを確認しておくことは重要である。

桜会はトルコ大使館附武官の経歴をもつ橋本欣五郎が省部の中堅幕僚を集めてつくった軍内の秘密結社である。昭和五年十月に結成されている。クーデターを起こしてでも政権を奪取し、軍事主導の高度国防国家をつくろうというのがその狙いである。この結成時の趣意書は、軍部が政権の中枢を担わなければならないとしつつ、その末尾ではその覚悟を明かしている。

吾人固《もと》より軍人にして直接国政に参劃すべき性質に非ずと雖も、一片皎々《こうこう》たる報（公）国の至誠は折に触れ時に臨みて其精神を現はし、為政者の革正、国務の伸張に資するを得べし。吾人ここに於て相会して国政の衰運を慨し、自ら顧みて武人の操守を戒むる故以も亦此の埒《らち》を出づるに非るものなり。

そして桜会が中心になって起こそうとした三月事件（昭和六年）を詳しく紹介している。「宇垣の変心」で知られているこの事件は、陸軍の長老である宇垣一成の担ぎだしを意図していたが、最後になって宇垣は桜会のクーデター計画には乗らないとなった。その変心を松本の視点で分析するのだが、そこではこの頃に入手できる資料はすべて手にいれて記述を進めている。三月事件と十月事件（昭和六年）のふたつのクーデター未遂事件は、陸軍がいつでも武力で政権をにぎる覚悟を持っていることをあらわしてもいたのである。

この作品のなかで、松本がもっともいいたかったのは次のような指摘である。

――今から考えると、満州事変当時、すでに「桜会」による三月事件、十月事件によって、日本の民主主義勢力は軍国主義によって後退がはじまっていたといっていい。そのことは橋本の揚言の通りである。してみると、百の議論よりも、ある日突然発生した「事件」が情勢を決定するということがよく分る。今日、近隣のベトナム戦争が日本に右旋回の情勢を起しつつあることを読者は考え合わせていただきたい。敗戦後の日本の民主主義は「下山事件」「松川事件」などで後退したではないか。ここに「謀略」の存在価値があるのである。

『昭和史発掘』の前にすでに『日本の黒い霧』を書いていたわけだが、戦後日本の民主主義は

「下山事件」や「松川事件」で後退したではないかとの見方に、私は率直にうなずくわけではない。しかし松本の社会観だけはよく理解できるのである。橋本欣五郎を中心とする桜会、その動きを調べていけばいくほど松本が怒りをもったこともわかる。だから『「桜会」の野望』の末尾では、極東国際軍事裁判でA級戦犯だった橋本に、ここに記したような資料が提出されていたら、まちがいなく死刑になっていただろうともいっている。

陸軍の上層部は、この作品を読む限りほとんど好き勝手という状態だ。三月事件、十月事件は闇に消し、処分もなく、それが「五・一五や相沢中佐事件、ひいては二・二六事件にも心理的な影響をもってくるのである」との一文で締めくくられている。公式的な見方ではあるが説得力を持っている。

生かされなかった憲兵隊の教訓

つづいて松本が書いたのは「五・一五事件」である。

私は「週刊文春」にこの作品が連載されていたときに、かなり熱心に読んだ。理由は簡単で、当時私は公式的な左翼史観になじんでいたが、しだいにより詳しく当事者の意思を聞き、史実を確かめたいと思っていたのである。五・一五事件というのは、海軍士官が主導して陸軍士官学校の生徒も加わり、それに民間側から水戸にある橘孝三郎の主宰する農本主義団体「愛郷塾」のメンバーも参加してのテロ事件といってよかった。

私はこの事件に民間側から参加した橘に関心を持っていた。なぜ彼は人道主義者であり、深い学識を持っていたのにテロ事件に参加したのだろうか。その関心があって昭和四十七年、四十八年には橘への取材を進めて、『五・一五事件――橘孝三郎と愛郷塾の軌跡』を刊行した。私にとって二冊目の書であった。

この五・一五事件はさまざまな立場から、多様な見方で語ることができるのであったが、正直なところそれまでこの事件の全体図を俯瞰した書はなかった。それだけに、松本の見方が単行本として刊行されたことは貴重であった。

松本は五月十五日の決行者の動きから筆を起こしている。そして五・一五事件の前の伏線となっている血盟団事件にふれ、その中心人物であった井上日召という僧侶の人物像を分析している。昭和七年の血盟団事件と五・一五事件には井上の存在が大きいことが明かされてもいく。

資料を駆使していることもあり、ドキュメントタッチでの描写もまじっている。

五・一五事件では宮内大臣の牧野伸顕への襲撃をやめさせたのは、大川周明だったという説があるが、そのことも松本なりに立証している。つまり五・一五事件のあらゆる局面が描かれていることになる。そしてこの事件の昭和史全体に与えた影響についても、論点を挙げて整理している。実に説得力があるのだ。

しかし重要なことはこの「五・一五事件」の最終節にある次のような表現である。これは松本らしい見方といえたが、その一面で昭和史を紋切り型で分析した見方でもあった。松本が語るがゆえに重みを持ったといえるのではないだろうか。

――以上みてきたように、クーデターは下級将校が中心となって行われたのだが、彼らのある者は、階級を超えた上級将校や、部外の民間側としばしば連絡をとっている。桜会事件の橋本中佐が林、小磯、建川の各将軍に接近したごとく、また五・一五の関係者が荒木中将擁立《ようりつ》をこころみたごとく、下剋上のかたちは、ついに上部の同調者に対して階級を超えた接触となっている。

「憲兵昭和史」には、この五・一五事件を反省して次のようにみずから記している。

「格段の隔りある職業、身分、地位者間の親交往復あるは、その間何等かの企画あるものとして常に査察を行うを要す」(昭和十四年七月、憲兵司令部刊)

正鵠《せいこく》を得た観察である。しかもなお、この憲兵隊の正しい教訓にもかかわらず、二・二六事件は起った。

次世代に託された課題

松本はこうした流れを見て、二・二六事件を歴史の流れの上では不可避として捉えていくのである。昭和四十六年四月がこの連載の最後にあたるが、この頃は日本社会の経済状態の向上とともにナショナリズムの気分が顕在化しつつあるときでもあった。松本はそれに警戒心を持ったのだろう。
「オール讀物」の昭和四十六年七月号に、二・二六事件をなぜ書いたかについて語った講演が掲載されている。松本自身の正直な気持ちがあらわれていることにあらためて気づかされる。

この二・二六事件は、私の仕事のうちでもまあ大事なものの一つになっているのではないかと思っております。なぜそんなに力を入れたかと申しますと、今申しあげたようにこれからの日本の行く道に一つの警告の意味をもって書いたつもりであります。将来のことですが、ある日突然、大きな事件が起るかもしれない、そうして徴兵制ということになるかもしれません。私は、これは若い皆さんに何も恐怖を与えるために申しあげているのではございません。現実的にそういうふうになるかもしれないということはよく考えていただいて、イデオロギーとか、主張だとかそういうようなことは抜きにしても、最低限の民主主義的な気持は守っていただきたいということは申しあげたいのであります。

松本の心中には、日本の保守政治が旧体制に回帰するのではないかとの懸念があった。二・二六事件の検証はその回帰を防ぐためにも必要だったというのだ。この時代の政治的状況こそ執筆のエネルギーだったと強調しているかのようだ。
松本の執筆意図を探ると、今なお、二・二六事件に収斂された昭和前期の実相を歴史の教訓とせよと訴えているのではないかと私には思える。

そして、私たちの歴史観を次の世代、さらに次の世代へと継承していくことの必要性を訴えているのである。

二・二六事件から九十年近くが過ぎた現在では、新事実はなかなか発掘することはできない。私は二・二六事件について、今でも検証されなければならない面があると思うし、不確かな情報ではあるが、当事者周辺で密かに語られていた話、あるいは何か見落としている視点というものは、まだいくつかある。それを松本の手法によって解明していくことは、私にそれだけの力があれば実行したいのだが、現実には取材を進めてみたところで、具体的な形が出るわけではない。

しかし、どこかに資料が残っているかもしれない。そのような思いで清張史観の骨格だけは、私はやはり重要なものとして受け止めなければならない。

私がいう未解決の問題というのは、ひとつは二・二六事件が国際社会でどのように受け止められたかということである。

当時、十三ヵ国の駐在武官が東京に滞在していた。いうまでもなく駐在武官というのは軍人であり、軍事的な視点から赴任先の国家を分析しなければならない。ということは、十三ヵ国の駐在武官たちは常に日本の省部の将校たちと会って情報収集に努めていたのである。外交官とは異なった独自の視点、つまり軍事の眼で日本を見ていた。

この十三ヵ国の軍人たちがどのような報告書を本国に送ったのかということは重要な意味を持

っている。二・二六事件は国内的にいえば、松本によってかなり広範囲に整理されたが、国際社会でどのように見られていたかは明らかにされていない。

このことについて、私たちはせめて十三ヵ国の公文書館に保存されているであろう報告書を確認する必要がある。私自身が仄聞しているところでは、ある国の駐在武官は膨大な報告書を本国に送り、これは日本の偽装された左翼革命だという見方を示しているとのことである。左翼革命というのは、むろんコミンテルンの働きかけがあったということだが、共産主義者は合法的な機関のなかに入って革命戦略を練るという戦略の一環だと説く論者もある。

実際に巷間に流布している説があり、青年将校の一人が事件の起こる一週間前にソ連大使館員と会ったというのである。それは二・二六事件は共産主義者による煽動と主張する一部の軍人からも流れているが、こういった説も一度検証する必要があると思う。

さらに、真崎甚三郎は事件後の軍法会議で裁かれているが、真崎の証言についてさらに検証する余地があるのではないかという感じがする。この点は松本は判決文の矛盾を指摘している。真崎が事件以後にとっていた態度、軍法会議で無罪となったあとの態度には首尾一貫しないとの見方もあり、より検証が必要だというのである。新たな解明にはこれまでの資料を角度を変えて読み抜くことも重要だという。

しかし、こうした検証は実際には不可能に近い。つまりは清張史観に基づいての分析をもとに、青年将校たちの思想や考え方がどのように政治化されていったのか、昭和前期の事件や事象のなかにはまだ不透明な部分もあると考えての取り組みは望まれるはずである。それが松本の史眼をより重層化することになるといえるだろう。

第三章　昭和中期を暴いた『日本の黒い霧』

占領期という時代

昭和中期とはいかなる時代を指すのか、そのことを説明しておきたい。

日本は昭和二十年八月十五日正午の玉音放送でポツダム宣言の受諾を明らかにし、そして九月二日にミズーリ号艦上でアメリカを中心とする連合国の降伏文書に調印した。これによって日本は連合国の占領支配を受けることになったわけだが、私のいう昭和中期とは、このときから昭和二十七年四月二十八日にサンフランシスコ講和条約が発効して日本が独立を回復するまでの六年八ヵ月にわたる占領期のことである。

昭和中期はどのような特徴をかかえていたのだろうか。それはどんな形で昭和後期に反映しているのであろうか。

日本の戦後は、戦前の軍事主導体制、ファシズム体制が解体され、アメリカによる民主化、非軍事化という政策によって民主主義を受け入れることからはじまったが、実際には占領国アメリカは二つの顔を持っていた。

ひとつは、占領前期に民主化と非軍事化という政策によって日本にアメリカ型の民主主義を定着させようとしたこと。もうひとつは占領後期、東西冷戦下で日本を西側陣営の橋頭堡に変えていった面である。占領前期と占領後期は基本的にまったく違う形を持っている。アメリカの国益に合致する体制として、日本はときに民主主義体制を強制され、ときに反共体制の側に傾斜することを要求されたといいうる。

むろん占領期そのものにはプラスの面もあった。昭和二十年までの日本の軍部による支配よりははるかに政治的合理性を持っており、昭和中期は昭和後期につながる体制でもあった。

六年八ヵ月の占領期は前期と後期に分けることができるが、その分岐点はどこだろうか。私の見解では、それは昭和二十四年二月ではなかったかと考えている。ポイントとなるのは第三次吉田内閣の誕生である。このあと吉田は昭和二十九年十二月まで内閣を担当することになるが、外交官時代から親英米派だったこともあり、太平洋戦争下でも陸軍主導の軍事体制に反対していた。それゆえに吉田は憲兵隊に逮捕もされたのだが、この昭和中期には連合国とともに国内政治を動かす指導者として戦後体制をつくった。

GSとG2の対立

占領前期から占領後期に移るときに、GHQ（連合国軍最高司令官総司令部）内のふたつの勢力が主導権をめぐる対立をつづけていたことはよく知られている。

ひとつは、GS（民政局）で、ホイットニー、ケーディスといったニューディーラーが中心になっていたのだが、彼らは日本を民主化することに使命感を持っていた。二度と日本を軍事主導体制に持っていかないために、あらゆる形で民主化政策を実施、徹底させ、時に共産党を利用しながらそういった政治体制を強固にするべきだという側にいた。

それに対して、参謀第二部（G2）はウィロビーというマッカーサー側近の軍人が主導していたのだが、彼は徹底した反共論者であり、日本に民主化を過度に持ち込むことに反対していた。また、日本軍の解体にも反対し、むしろアメリカ主導の戦後政治に軍事的にも組み込むことを主張していた。

GSとG2の対立は、占領前期にはGS側の政策が通ったのだが、昭和二十四年に入ると、東西冷戦の一角に日本を位置づけて、いかなる形にせよ西側の強力な反共国家にすることこそ前提となり、G2が主導権を持つようになっていた。

このふたつの勢力の対立を見ていくと、民主化路線を走るGSの民主派将校の考え方と、反共の砦として帝国日本の解体を部分的に留めようとした反共派の軍人との間には大きな溝があることがわかる。

それはとりもなおさずアメリカの占領政策が持っていたふたつの側面、善意に民主主義を押しつけるGSのニューディーラーと、自分たちの信念を生かすために日本を利用するG2の対立に象徴されていたといっていいのではないかと思う。

ウィロビーの回顧録を読むと、GSのなかには容共派の将校、ジャーナリストがいかに多かったかが縷々綴られている。彼は本国のFBIやCIAと連動して、GSの将校の交友関係や思想調査を行い、アメリカ本国に帰還させようと画策した。昭和二十四年はそれが顕著になった年といってもいい。

一方、占領された日本では吉田内閣がこのウィロビーの反共路線と連動しつつ、同時に旧日本軍の体質を温存することには抵抗しながら、東西冷戦下の新しい秩序のなかで反共国家としての国づくりを進めていった。吉田首相は独立国としての経済政策を打ち出すために、アメリカの経済安定九原則に基づいて新しい経済再建策をつくった。それはドッジというGHQの経済顧問によって認められ、昭和二十四年頃から日本は徹底した緊縮財政に入った。さらにいえば、連合国の経済支援から脱皮すること、補助金行政に徹底してメスを入れた政策で、ともかくもこの頃から緊縮財政、増税政策へと変わっていった。

徹底した緊縮財政に入ったことで、国民の間で経済的不満や失業への不安などから左翼思想への関心が高まり、共産主義勢力が大きく躍進するという土壌ができあがった。

占領期の闇

私たちが今、「占領期の闇」と称するのは、占領前期から占領後期へ移行する時期、つまり政治的変革のプロセスで起こった不可解な事件を指している。それが昭和二十四年に集中しているのだが、下山事件、三鷹事件、松川事件などがそうである。いずれも国鉄に関連した事件で、列車が自然に動きだして人をはねたり、あるいは国鉄総裁が自殺か他殺か不明の死を遂げたりするものであった。

これらの事件は共産主義勢力による犯行とか、あるいはGHQが背後で関わっていると噂された。GHQは共産主義者による犯罪であると主張し、共産主義者の側はGHQによる共産主義弾圧のための謀略であると主張した。当時の多くの日本人はその両方に警戒心を抱きながら、その事実について明確に判断する材料を持っていなかった。つまり不安をもちながら判断をくだす根拠を持っていなかったのである。私自身は占領期の日本の置かれた状況を見れば何らかの謀略が働いたのであろうと考えていたが、それとて共産党にシンパシーを寄せる友人からの言を信用したからである。私の高校時代(昭和三十年四月入学、三十三年三月卒業)にはそういう見方が多かったのだ。

松本は、占領期に起きたこうした不透明な事件にノンフィクションという形で取り組んだ最初の文筆家だった。とくに作家の目で書いたところに意義があった。この『日本の黒い霧』と題するシリーズは、昭和三十五年、月刊誌「文藝春秋」の一月号から十二月号に連載された。

このとき、松本は五十一歳だったが、敗戦から十五年、まだ占領の記憶が生々しい十年ほど前の事件に積極的に多くの資料を集め、独自の見方をそこに示すことになった。推理の手法が持ち込まれて自らの仮説を裏付けたのであった。一ヵ月の読みきりであったからその推理が当たっている作品も当たっていない作品もあった。

『日本の黒い霧』に取り上げられた十二のテーマは、次のような内容だった。

①下山国鉄総裁謀殺論、②「もく星」号遭難事件、③二大疑獄事件、④白鳥事件、⑤ラストヴ

ォロフ事件、⑥革命を売る男・伊藤律、⑦征服者とダイヤモンド、⑧帝銀事件の謎、⑨鹿地亘事件、⑩推理・松川事件、⑪追放とレッド・パージ、⑫謀略朝鮮戦争。

松本は『日本の黒い霧』で、これらの事件や事象の背後には、アメリカ側の謀略があったのではないかという見方を貫いている。いわゆる「謀略史観」にも似た史観で先駆的な役割を果たしたともいえるが、昭和三十五年の段階において、アメリカの謀略を暴くという形でこの仕事に取り組んだことは、大変なエネルギーを必要としたと思われる。

『日本の黒い霧』（文春文庫・新装改訂版）の帯には作家の半藤一利の推薦の言葉が掲げられている。そこには「よくぞ現代史の隠された深部にメスを入れたものよ」とあり、そして次のように大書されている。

「今これだけのものを書ける人はいない、あらためて感嘆せざるをえない」

これは実に的を射た見方である。『日本の黒い霧』というのは、そのすべてが事実であったかどうかは不明であるにしても、これらの事件の背後にアメリカの謀略があったのではないかという視点そのものは日本のジャーナリズム、あるいは作家の仕事として稀有のものであるといえる。事実の如何を問わず、この重要性をまず私たちは客観的に認めるべきではないかと思う。

現在まで、松本が提示したアメリカ謀略説を裏付ける資料が出てきたわけではないから、それを精査することも難しいのだが、占領中に起きた不透明な事件に関して、そこにアメリカの影があると見るには何らかの確信が必要である。その確信はどこから生まれたか。そのことを松本は『日本の黒い霧』の連載のあとに、「なぜ『日本の黒い霧』を書いたか」という稿をあらわし、そこでその確信についてふれる。

まず『日本の黒い霧』を書くことを思い立った動機からいうと、以前に『小説・帝銀事件』を書き終わったときのことにさかのぼる。私はこの事件を調査しているうちに、その背景がＧＨＱのある部門に関連していることに行きついた。これなくしては帝銀事件は解明できないと思ったくらいである。（中略）

帝銀事件が起るや、警視庁が、その捜査の初段階で、この旧陸軍関係をひたすら追及していたことは、今では隠れもない事実である。しかし、どういう理由からか、それは途中で急激に方針が転換され、北海道から拉致《らち》されてきた市井の一画家にすべてをかぶせて「解決」してしまった。当時の警視庁が最初の捜査でつき当った重大なる壁とは、ＧＨＱの超権力の障壁であったように私は思う。

この壁の正体は、ＧＨＱが特別に旧陸軍の特殊研究を参考にしていたある種の組織を、日本側の捜査から表面に出るのを防衛したためであった、と私は推定している。犯人が何びとであったにせよ、そのことの追及から、極秘に作られている秘密組織の存在を、ＧＨＱは外部に知られたくはなかったのであろう。

この確信については批判の書も刊行されているし、後述のように作家の大岡昇平（松本と同年齢）からの批判もある。しかし客観的にデータを並べたところでその本質がわからない以上、時代の枠組みを理解しなければならないということはいえる。松本はその枠組みへの懐疑をもっていたということになるのであろう。

そしてその枠組みは、占領前期と後期とでは、占領する側の理念の違いがあるということだった。

奇妙な事件が占領前期から後期へ移行するとき、そして独立を回復したあとにも起こっている。これらはその時代が生んだ偶発の事件なのか、それとも何か大きな政治的な動きのなかで練られた謀略によって演出されたものなのか。松本は明確に後者に立ったのだ。

『日本の黒い霧』は反米的な意図で書かれたのか

『日本の黒い霧』は発表当時から、アメリカ謀略説にあまりに偏りすぎているのではないか、反米的な意図を持って書かれたのではないかという批判が少なくなかった。

「反米的な意図」については、松本は前述の「なぜ『日本の黒い霧』を書いたか」のなかで書いている。謀略と思われる事件はまだかなりあるといっている。

本書を指して「悉く米軍の謀略というオチになっているので曲がない」とか「変化がない」とかいう批評をきく。しかし、これはフィクションではないから「曲」をつけるわけにはゆかない。飽くまでも帰納法的な結論で終始するほかはないのである。たまたまそういう傾向の事件だけを集めただけで、同傾向の短篇集を編むのと少しも変りはない。「何んでもかでも米軍の謀略にする」予断で書いたのではないのである。

そのうえでそれが成功しているか否かは読者に判断を任せる以外にないとして、自分なりに満足した仕事だともつけ加えている。日本の占領を正面から取り上げる重要性はいわずもがなだが、こうした見方も必要だと思い、そういう気負いがこの仕事に取り組ませたともいうのである。

こういう見方の理由として、松本はやはり占領前期を解体するために占領後期が存在したと考えていたこともわかる。なぜなら『日本の黒い霧』の事件のうち下山事件、松川事件、三鷹事件、白鳥事件などは昭和二十四年に連鎖反応的に起こっているからだ。だから「これらが結果的に民主勢力への制動機の役目、つまり、日本における共産勢力の『暴動性』を『警告』した事件であった」と指摘している。この思いを共有できるか否かは別にして、松本の立場は理解できるのだ。

私自身、『日本の黒い霧』には、いささか牽強《けんきょう》付会《ふかい》な部分があるように思っている。しかし、松本の言を借りれば、占領期に起きた不透明な事件がすべてアメリカの謀略であるという演繹的なものではなく、丹念に調べた結果、アメリカの謀略という以外にないとの結論に達したというのである。
松本にすれば、このほかにもまだ取り上げたいテーマや素材があり、それについて調べた経緯もあるが（一部は小説という形で書いている）、アメリカの影があるとの確信をノンフィクションで書いたのがこの作品集だということではないか。

大岡昇平、佐藤一の清張批判

さて、『日本の黒い霧』批判の代表的なものに、大岡昇平による批判があった（「松本清張批判」『常識的文学論』所収）。

松本に（引用者注・下山事件について）このようなロマンチックな推理をさせたものは、米国の謀略団の存在に対する信仰である。つまり彼の推理はデータに基づいて妥当な判断を下すというよりは、予め日本の黒い霧について意見があり、それに基づいて事実を組み合わせるという風に働いている。

松本の推理小説と実話物は、必ずしも資本主義の暗黒面の真実を描くことを目的としてはいない、それは小説家という特権的地位から真実の可能性を摘発するだけである。無責任に摘発された「真相」は、松本自身の感情によって歪められている。

こういった手厳しい批判に対して、松本氏は相当激昂した節があるが、「大岡昇平氏のロマンチックな裁断」という文章ですぐさま反論している。

「占領下で起った諸種の事件の中で、アメリカ謀略関係の手の動いたものだけを集めたのだ。つまり、帰納的結論が出て、その種類のものを一冊にまとめただけだ。同傾向の短編小説集を編むのとちっとも変りはない。本末を顛倒されては迷惑である」

大岡の松本批判のひとつの視点は、「ひがみ精神」という点にある。松本の作品には「ほんとうの意味の人生観照はない」と決めつけていることだ。田村栄の『松本清張　その人生と文学』は、その指摘は一面で正しいとしつつ次のように書くのである。

松本が初期作品で敵とみなした学界などの権威主義や俗物的思考形態を「被害妄想者の作り出す虚像に似ている」とまで言っているとなるとその辺りに私は賛成することができない。松本が悲しく憎むべきものとして描いた権威主義や俗物主義は決して現代社会に存在しない「虚像」ではあるまい。松本はそれを彼が日常的に体験した大会社内部の身分制や学歴偏重の不合理さへの抗議をこめて描いた。大岡がそれを虚像だとしたり、その抗議の姿勢を人生観照の不足から来るひがみだとするのなら、「人生観照」とは、立場というものを抜きにした、単にすべてを理解しさえすればよいというような、生ぬるい作家態度ということになりはしないか。

さらにこの書は、松本がもっている「記録文学者としての姿勢」を反米的下心とみてしまうことへの批判も書いている。こうした大岡の松本批判に接して、私なりに思うのは同年代であっても異なるふたりの戦争体験である。大岡にすれば、松本は戦場そのものの体験、そこでは人間がどのような状態になるかという現実感がないから客観的に下心をもって書けるといいたいのではないか。

大岡・松本論争は、その後大岡が反論しないために終止符が打たれている。大岡にはこの論争をつづけても最終的には人生の体験に落ち着くと知ってしまったからではないかと思われるのだ。加えて、松本との間に文学観の違いがあることを認識していたからであろう。

実は『日本の黒い霧』や松本への批判は、発表当時から現在に至るまでつづいている。この稿を書いているときも、佐藤一《はじめ》の『松本清張の陰謀――「日本の黒い霧」に仕組まれたもの』が刊行されている。

佐藤一は松川事件の容疑者として第一審で死刑判決を受けたが、その後無罪の判決を勝ちとった人物で、占領史の研究家としても知られている。下山国鉄総裁の死は自殺であるという結論を導き出しての大著もある。そうした立場から、『日本の黒い霧』が謀略史観に基づいたものとして、日本人の歴史感覚を狂わせたと批判するのがこの書である。

佐藤は下山事件、松川事件、革命を売る男・伊藤律、追放とレッド・パージ、謀略朝鮮戦争、白鳥事件を取り上げて、松本の推理がいかに誤っているかを説く。『日本の黒い霧』は独断に基づく分析によって、読者を惑わせているともいう。

『日本の黒い霧』のなかでもっとも事実と違うことがのちに証明されたのが「革命を売る男・伊藤律」である。

松本は伊藤律を戦前、戦後を通じてスパイを働き、日共を分裂せしめたというが、それはなにひとつ根拠がなく、「妄執的追及にもかかわらず根拠薄弱、極めて抽象的なのは困りものなのだ」と佐藤は批判する。ありていにいって、佐藤の批判は現時点のものだからきわめて正確だともいえる。

佐藤はつまるところ松本の『日本の黒い霧』の果たしてきた役割について次のように書いている。


いずれにしても『日本の黒い霧』は、四九年から五〇年代の現実を隠蔽し、その時代の自己に苦渋の思いを抱く人たちに、その心情を癒す特効薬的存在となっていた。だが、その薬効はさらに強い幻覚症状を引き起こし、過去を広く正確に想起し、現実に直面している事態に思考をめぐらすことにも障害となる。できれば、「謀略」といった曖昧なひと言で簡単に済ませたい、という気持ちにも誘うことだろう。

こうした松本の謀略史観によって、日本人の戦後史を見る目が曇ってしまったと説く。確かにそれはうなずける点もある。佐藤の批判に、昭和三十五年の段階でこれだけのことを書いたのは勇気があるという論を対峙させても意味がない。

松本への批判は、前述の大岡や佐藤に見られるように、松本の思い込みを基につくりあげた史観によって戦後日本の歪みが生まれたとの主張である。謀略によって史実を見ることで正当な歴史観をもつことができなくなったために占領期の〝真実〟はわからないということにもなる。

いわゆる戦後民主主義は、日本が主体的に獲得したわけではなく、占領政策の一環として獲得したわけだから、このなかに生煮えの部分があることも事実である。そして、アメリカが民主主義を与えたのも、人道的理由からではなく、政治的計算によるものであったと理解すれば、民主主義は日本の旧体制を解体するもっとも安直な方法だったといえる。

あるときは民主主義を与え、それがアメリカにとって必ずしも国益を生まないと判断したときに、次は東西冷戦下の極東における自由主義陣営の橋頭堡としての役割へと位置を変更させたわけだが、そのときに起こった不可思議な事件の背後に、意図的な力が働いていたのではないかと考えることで歴史を重層化して見ようというのは悪いことではない。そのことによって、「歴史」は人間がつくっていることもわかってくる。現実に政治を動かす残酷なリアリズムについても知ることができる。

そういう松本の見方を許容してもいいのではないかという声もあった。たとえば文芸評論家の荒正人は、『松本清張の世界』（文藝春秋）で、同時代史として占領史が民衆によってつくられなければならなかったとし、清張史観はその試みではないかと功の面を書いている。

『日本の黒い霧』で身につけた「史眼」

『日本の黒い霧』を連載順に並べてみると、一月号で「下山国鉄総裁謀殺論」、以下、「『もく星』号遭難事件」「二大疑獄事件」「白鳥事件」「ラストヴォロフ事件」「革命を売る男・伊藤律」「征服者とダイヤモンド」「帝銀事件の謎」「鹿地亘事件」「推理・松川事件」「追放とレッド・パージ」「謀略朝鮮戦争」とつづいた。

この順序がどういう意味を持っているのか、私は定かには知らないが、松本自身が謀略性の強い順に取り上げたのではないかとの思いもある。実際に、彼がこうして明かさなかったら、日本人が決して理解することのできない事件もあるはずだ。松本は実証主義的に調べようとしても限界があることを知ったであろう。であるならば、ひとまずそれを書き残しておかなければならないとの思いがあり、それが一連の作品の根底にあることを理解すべきではないかと思う。

また、これらの事件は戦後史の年譜を考えるとき、どれほどの重きを持っているのかについて考えてみる必要がある。

つまり、この十二の事件は、私たちにとって戦後史というものを真に理解するときの鍵に成り得るのだろうか。あるいは鍵にはならないまでも、私たちが戦後史から逃れることのできないある宿命をこれらの事件・事象は示しているのではないか。

そう考えることによって、松本が五十一歳のときに立っていた地点を見定めることができるはずだ。『日本の黒い霧』の現代史に対する見方、考え方を一言で表現すると、「史眼」という言葉になるのだろう。松本は史眼というものを、この作品を書くことで身につけたといっている。この史眼は、『昭和史発掘』や『現代官僚論』へと当然つながっている。

私は自分のやり方を、あたかも歴史家が資料をもって時代の姿を復元しようとしている仕事にまねた。

史家は、信用にたる資料、いわゆる彼らのいう「一等資料」を収集し、それを秩序立て、綜合判断して「歴史」を組み立てる。だが、当然、少い資料では客観的な復原は困難である。残された資料よりも失われた部分が多いからだ。この脱落した部分を、残っている資料と資料とを基にして推理してゆくのが史家の「史眼」であろう。従って、私のこのシリーズにおけるやり方は、この史家の方法を踏襲したつもりだし、また、その意図で書いてきた。

日本の占領期に起こった事件がアメリカや連合国が何らかの謀略的な意図を働かせたものとす

るならば、それは永久に秘密でなければならない。わずか十年余でそれらの資料が公開されたり、事実が判明するのでは謀略そのものが成り立たない。

　したがって謀略であるという所以は、あたかも真実に見える史実があり、それが導きだす結論も示されていなければならない。そのもっともらしい史実と結論が謀略であると見抜くには推理力、眼、判断力にすぐれていなければならないのだ。

　松本は帝銀事件を調べ、執筆したときから、この事件はGHQの関与と結論づけている。占領期にはもっと大がかりに行われた事件があるのではないか、との疑問から出発して次々にそれを見出したということもいえる。私はこの帝銀事件について、松本が理解している結論をどのように判断すべきか迷うことが多い。これは単なる毒物をつかった銀行強盗ではなく物盗りに見せかけた事件だという。評論家の中島誠が「松本清張研究」（一九九七年八号）のなかで、『帝銀事件の謎』を解く作家の意図の謎」と題して、「松本清張の情念と執念」という稿を書いている。中島は手際よく書いているのでその部分を以下に引用しておきたい。


　作者（引用者注・松本）は、慎重にまた入念に推理をすすめ、一歩一歩確証に近づき、ついに、真犯人はGHQの手で警察の手の届かない壁の向こうに消えたという事実をつかんだ。GHQは、「アメリカが日本旧軍人を留用して細菌研究をしているということが分れば大問題だし、世界に知られては、極めてまずい」と思って、真犯人を隠したと、作者は推断した。

作者の推理もそこまでで終らざるをえない。

帝銀事件は、ものとりの犯行であるようにみせかけた、毒物の人体実験であった。銀行員は、たまたまその犠牲となった。旧満州で石井部隊による細菌の人体実験をされて死んでいった中国人と同じ運命を辿ったことになる。そんなことまでして、アメリカと占領軍に留用された旧細菌部隊は、新しい毒物や細菌の開発を、なぜやらなければならなかったのか。アジアにおける共産主義国との来たるべき戦争に備えるためである。

この人体実験は朝鮮戦争において用いられる。さらに日本を強力な反共国家、そして軍事力も兼ねそなえた国家に変えていくために次に下山事件が起こったとするのである。これは当たっているのか、それともまったく錯誤なのか、私は軽々しく判断できないが、『日本の黒い霧』を読む限りでは当たっていると思える。だがそれを否定する論者の見方にも説得力があるのも事実である。

「下山事件」で日本社会はいかに変化したか

松本の視点で描かれている個々の作品を見ていきたい。

初めは「下山国鉄総裁謀殺論」である。これは昭和二十四年七月五日、下山定則・国鉄初代総裁が公用車で出勤途中に突然行方不明になり、十数時間後、常磐線の北千住・綾瀬間の線路上で轢死体が見つかったという事件である。

下山は当時、吉田内閣、その背後にいるGHQから職員の大量整理を要求され、組合側の激しい抵抗のなかでそれを実行しなければならない状況に置かれていた。

これが自殺か他殺かという議論は、当時の日本の有力な集団、機構のなかでも見事にふたつに分かれた。

たとえば、下山の死体をめぐって東大の古畑教授は、死後にも生活反応が見られないというので死後轢断説、逆に慶応医学部の中館教授は死体に生活反応が見られるので生体轢断説を採っている。あるいは警視庁捜査一課が自殺を主張すれば、捜査二課は他殺を主張する。また、朝日新聞社が他殺を主張すれば、毎日新聞社は自殺を主張するといった具合であったが、現在に至るも未解決事件として、両論のどちらかに立った立場で書かれた書はいくつもある。

昭和三十五年の段階では、この事件は十年余を経たにすぎない。関係者も多く存命していた。この事件がもしアメリカの謀略によるのであれば、日本の戦後史が実質的にアメリカの謀略によってつくられていたことになるといった空気のなかでこの作品は読まれた。

松本は、GHQの意図を受けた謀略機関（そこには日本人も含まれる）による他殺ではないかという確固とした推理をここに持ち込んだ。このときに重要なのは、下山事件の捜査報告書などを丹念に読み、そこから他殺論を引き出した点である。他殺を主張する説は、今に至るも多くあるのだが、しかし具体的に誰によって行われたかについては曖昧である。むろんこの作品でも特定の人物を指摘しているわけではない。しかしアメリカの意図を受けた謀略機関の末端分子が何らかの形で関わっているという推理ははっきり書かれている。

この時に問題になるのは、日本のメディアが自殺か他殺かということを論争しているときに捜査が打ち切られたことである。それはなぜなのか、GHQが事実を隠蔽していくためだというのが松本の理解の骨子である。

松本は資料を集め、読み抜き、また貴重な証言者を探し出して、下山が死ぬ理由はなかった、自殺ではないという結論を引きだした。さらに下山に似せた替え玉が現場付近をはじめ主要なところを歩き回り、目撃証言をつくっている。その替え玉について、松本は「下山になりすました替玉はどの機関から派遣された者か凡その推定はつくが、確かなことは云えない。とにかく彼は或る指示を受けて、下山が三越から消えた瞬間に彼になりすましていたのである。そして、替玉自身はその任務だけの単独命令をうけていたので、下山の実際の運命は知らなかったのであろう」と書く。下山の死体が着けていたのは下着だけだったともいう。

本物の下山はどこに行ったか。どこで殺されたか。それも推理として明かしている。

この替え玉説は加賀山副総裁も唱えている。加賀山説を引用しながら、松本は次のような結論を引きだしている。

下山事件の命令者が誰であるかは永久に判らぬだろう。これは想像だけでは云えないことだ。証拠のないことである。しかし、次のことだけは云えそうである。加賀山の文章は云っている。

「しかし、私は下山総裁の死は徒死ではなかったと思う。この事件を契機に国鉄の大整理も漸次進行して無事終了した。そしてこの大整理以後は、今まで組合に押されて来ていたアプレ経営陣も腰を据えて会社の建直しに力を入れ始めた。その意味でこの年は日本の経済が立直る契機を作ったエポック・メーキングな年でもあった。だから下山総裁の死は貴重な犠牲であったのであり、そう思うことによって下山総裁も僅に慰められるところがあるものと秘かに思う次第である」

これは下山事件における結果論である。しかし、結果論は逆にも考えられる。つまりこのような結果を予想して下山事件を起した謀略がなかったとは云えまい。

つまり、これは、国鉄の大整理を「無事終了」させるために、また、日本の「行き過ぎた民主運動」を鎮圧し、来たるべき外国共産勢力との対決に備えるため一本の方向に持って行く謀略でなかったとは、誰も云い切れないのである。

松本の史眼がここにあらわれていると思うが、結果としてこうなったという立場から逆に考えれば、結果をその動機として作為的に起こすのが謀略ではないかというわけである。

この事件が自殺か他殺かというのは、下山個人の周辺を洗ったところで、さしたる理由や結果がわかるわけではない。彼の死によって日本の社会がどのように推移、変化したのか、それこそが重要であり、それを確認することで初めて謀略の持つ意味がわかってくるのである。

下山事件について、私は明確な結論を持っていない。この事件を調べはじめると、とりつかれてしまうというので、「下山病」という語があると聞いた。私はそこまでいっていないが、松本の替え玉説が具体性に欠けるとの印象を持っている。自殺説の側に立ちつつ、他殺説も吟味したいという立場なのである。

「『もく星』号遭難事件」「二大疑獄事件」に見る謀略の本質

『「もく星」号遭難事件』「二大疑獄事件」といった作品も他と同様、アメリカの謀略の視点で書かれているのだが、松本はその理由や私見を文中でさりげなく明かしている。

「もく星」号遭難事件の概略を記すと、昭和二十七年四月、羽田を出発した福岡板付空港行きの旅客機が離陸後すぐに消息を絶ち、その後米軍筋から浜名湖の西南十六キロの海上で全員救助との情報が入った。しかし機体の発見には至らなかった。航空会社、海上保安庁、米軍は翌日になって、伊豆大島三原山噴火口近くでバラバラになった同機を発見した。乗客乗員三十七人が死亡していた。

当時の航空産業から航空機の運航までほとんどが米軍の管理下にあり、「もく星」号を操縦していたのもアメリカ人のパイロットで、日本での操縦経験が豊富というわけではなかった。

松本によれば、「もく星」号の事故はアメリカ側の手落ちであり、当初の浜名湖西南十六キロの海上で機体が発見されたという米軍の情報自体擬装であり、事故の隠蔽工作だったとしている。なぜこんなことをしたのだろうか。謀略だとするなら、それはなぜなのか。松本は書いている。

事故発生後、白らの手落ちを隠すために、擬装工作をしたアメリカ側のやり方である。遭難地点は舞阪沖だという情報を流して、日本側の捜索の眼を、まる一昼夜、そこに釘づけして、三原山衝突から眼をひきはなしたことである。つまり、米側の手落ちをウヤムヤに消してしまったことだ。ジョンソン基地の管制室の過失をかばったといえば人情的に聞えるが、そうではない。これはあくまでもアメリカ占領軍の権威のためであった。

繰り返すと、ジョンソン基地の管制員が「もく星」号に与えた飛行指示は、テープレコーダーに記録されているが「事故調査会」には、遂にこの重要資料のテープレコーダーは米側から提出されなかった。こちらで催促しても出さないのである。

そして最後にこう締めくくっている。

占領中のアメリカ軍のこのやり方は、小さいながら一つの謀略である。事故が起きた、真相を蔽うために工作をする。この方法は、事件を起す、その真実を隠蔽するために工作をする、という他の事件の手法にも通じないだろうか。

つまり謀略というのは、ある目的のために事件を起こすという側面と、それを隠蔽する、真実を隠すという側面のふたつがある。そのふたつが有機的に結びついたときに陰謀は成功し、謀略は姿をあらわさずに歴史的事実はほかの要因をもって置き換えられる。そういうことを松本は指摘しているわけだ。

このような理解はおそらく、戦後社会の闇の部分を書く前の松本には、まだ固まっていなかったのではないか。それが短期間に謀略の構図がわかってきたのだ。帝銀事件や下山事件の調査、執筆を通じて、清張史観はしだいに骨格を固めていくのだが、この折に謀略というのは何も特別に大仰なものではなく、必ず何らかの片鱗が現れてくることを発見したのだろう。その片鱗を見抜くことこそ問われているのではないか、その片鱗を自分は示してみせるという姿勢が、『日本の黒い霧』の随所にあらわれているように思う。

『「もく星」号遭難事件』の末に書かれた謀略についての記述に関して、私は深く頷くと同時に、こういった見方がやがて昭和前期の史実検証につながっていったとの感を受ける。歴史を読み抜くには鋭い分析も必要だし、さらに歴史を見抜く勘が必要ということであろう。

つけ加えるが、『日本の黒い霧』に収められている「二大疑獄事件」は占領下と占領が解けてからの事件、つまり昭電疑獄と造船疑獄のふたつを取り上げている。前者はＧＨＱ内部のＧＳと

G2の争い、後者は佐藤栄作自由党幹事長を守るために吉田内閣が指揮権発動を行った事件である。このふたつの疑獄事件について松本は推理に推理を重ねている。そこには松本なりの一貫性がある。

この作品の末尾に彼の怒りが直截に書かれている。これが歴史を見抜く勘の源ということであろうか。それにしてもこれほど感情的な文章も珍しい。

要するに汚ない金はどこまでも汚ない役目を果すことを云いたいのである。バカをみるのは国民で、これだけの税金が彼等の権力と金銭欲と物欲の道具になっているかと思うと、善良な庶民は誰しも勤労意欲を殺《そ》がれるにちがいない。

これまで世に出た汚職事件は、彼らにとっては不幸にしてたまたま暴露された氷山の一角である。事件にならずに、或いは陽の目を見ずに済んだ汚職は、表に出たものの何十倍か分らない。

これらの総ては何らかの形による謀略と陰謀の汚職と断じて間違いないであろう。決定的なのは、そのたびに莫大な国民の金が掠《かす》め取られていることである。

とくに占領下では、新聞、ラジオ、雑誌など、ある程度は報道の自由が認められてはいたが、情報そのものがGHQからの一方的なものである場合、あるいはGHQが個々の言論に対して規制を加えた場合には決して真実は見えないというのが前提であった。

だからこそ、そこに推測を持ち込まなければならない。占領が解けた後もそういう構図があるのではないかというのだ。

昭和三十年代において隠された事実に挑む

松本はその政治的立場をどのようにあらわしたのだろうか。

昭和三十八年、防衛庁内の「三矢《みつや》作戦」が国会で暴かれた。これは自衛隊が仮想敵国を想定し、そのための戦闘計画を考えていることが国会で暴露され、防衛庁が謝罪したという事件だが、松本は「世事と憲法」と題された講演でこれについて見解を述べている。

三矢作戦については、国会の論議以前に「文藝春秋」の「現代官僚論」に書いたが、何らの反応がなかった。防衛庁内部を調査し、防衛庁の計画が憲法で許容されている範囲を逸脱していると指摘したのに反応がなかったと嘆いているのだ。

そのときは、共産党や社会党が国会で追及するような様子もない。松本はそのときほど、自分の筆の無力感を味わったことはないとして、

「この資料は実は防衛庁の金庫の中からひとりでに出てきて、わたくしの手元に来たのですけれど、それと同じ材料を持って社会党の議員が次の臨時国会で緊急質問しましたところ、いわゆる爆弾質問ということになって『三矢作戦』が一時、政府の足下を震撼した」

と記している。

ペンでどれほど現実を追及したところで、国会でひとたび同じ資料を出すと大問題となる。そのことをふまえて、ペンがいかに無力かということを書いている。そして次のように結論づけている。

日本人は現在の憲法をあくまでも守っていかなければならないのですが、その憲法を守らなければならないという国民の気持とはまた別のところで、突然その気持を変えていくような謀略的なものが起こらないとは限らない。あたかもかつての日本の戦後の民主主義が急速にのびて、民主主義的な路線を正常に走っているかのように見えたとき、突然松川事件が起こって一夜にしてその民主主義的な空気が挫折させられ、それをさかいにして日本の歩みがまた変わってきたということを思うならば、わたくしたちはよほどしっかりと民主主義的な憲法に思いをいたして守っていかなければ、またださまされることになるのかも知れない。

松本にとって、戦後民主主義は重要なイデオロギーだったということがわかる。大日本帝国時代の戦争期に一庶民であった松本は、戦後社会で〈われわれ庶民がいかに権力に愚弄されてきたか〉の思いに捉われていた。それは国民が常に騙される危険性を抱えているとのことであり、知識人はその認識を持っていなければならないという意味だ。

松本は、占領前期の民主主義に信頼感をもつことで戦後社会を生きたわけだが、ペンの力は弱いという嘆きもまた実感として持っていたということであろう。

こうした思いにふれると、『日本の黒い霧』を真実として読むのではなく（むろん真実に近いものも多くあるが）、隠された事実に対して挑んでいくという、昭和三十年代においては先駆的といえる、その戦闘的精神、姿勢こそを読み取るべきではないだろうか。

米ソ情報戦争に巻き込まれた日本人

昭和二十九年、ラストヴォロフ事件と呼ばれるソ連外交官の失踪事件があった。

一月二十七日、駐日ソ連元代表部部員が警視庁に出頭し、同代表部員のラストヴォロフ二等書記官が失踪したので、至急に行方を調査して欲しいと申し入れた。そのような書きだしで、この事件は書かれている。

翌二十八日の各紙朝刊は「ソ連元代表部二等書記官の失踪」として一斉に報じた。

「在日ソ連代表部では、ラストヴォロフ二等書記官は二十四日以来行方不明となっており、精神異常で自殺のおそれがあると届出ているが、政治的亡命ではないかと見られている。公安三課では直ちに管下各署に手配した」（毎日新聞一月二十八日朝刊）

新聞には発表されなかったが、ラストヴォロフが失踪するときの目撃者があり、「赤羽橋の方から、米軍専用駐留軍大型バスが雪の坂をゆっくりやって来た。ラストヴォロフは、このバスを見ると、手を振ってこれを停め、身軽に飛び乗った」という。

　これがラストヴォロフ事件のスタートである。そして半年余が経過した八月十四日、ラストヴォロフがアメリカに亡命していたことが日米同時に発表された。日本では外務省や公安調査庁が共同発表して、「政府の調査によれば、ラストヴォロフの離脱が本人の自発的意志に基く結果であることは疑いの余地がない」と伝えた。

　大まかにいえば、ラストヴォロフはれっきとしたスパイで、日本で多くのエージェントを使って情報活動をしていたのだが、アメリカに寝返ったというのが真相であった。今でもこの事件は米ソの情報・謀略戦争の激しさを示すひとつのケースとして語られているが、多くの日本人はこの事件によって東西冷戦の激しさを垣間見ることになった。

　松本はラストヴォロフがスパイとしていかなる役割を果たし、どのように亡命したのかについて詳しく調査している。

　彼が失踪してから、アメリカで亡命が発表されるまでの半年余り、その間にラストヴォロフに協力していた人物たちが次々と警察に名乗りでるという奇妙な出来事があった。

　そのなかには、たとえば元関東軍第三十五軍航空参謀少佐だった志位正二のほか、ソ連からの引揚者数名がいるとされた。彼らはラストヴォロフ亡命の結果、自首して公安当局に自らの役割を伝えたという。こうした日本人は、ラストヴォロフと何らかの関係があった。協力者ともいえた。

アメリカへ亡命した際に発表されたラストヴォロフの手記は、不透明な部分が多いのだが、それは情報の世界に生きる者としては当然であっただろう。松本は彼が日本から脱出した経緯について新しい事実を提示しているが、結果的にこの事件を追いかけることで何を得たのだろうか。次のようにある。

この事件とゾルゲ事件とを比較してみよう。ゾルゲ事件では、当時、厳重な言論統制があったにも拘らず、この裏づけとしての日本人協力者の発表はいかにも内容が充実していた。衝撃的なことはゾルゲ事件にも劣らないと云われるラストヴォロフ事件では、日本側が協力したという面には殆ど何ものも出てこないのだ。これがもっと機密の中枢部にいた役人ならともかく、これらの人々はありふれた秘密事項の一端は知り得た地位かも知れないが、それは平凡なことで、「重要情報」と呼ぶほどの価値の高いものを知る地位ではなかった。ここにもラストヴォロフの供述内容の貧困さが暴露されている。ゾルゲとは比べものにならない。

ラストヴォロフがそれほどの大物ではなかったという見方を探っている。アメリカ側はこの情報部員を大物と見て自らの側に取り込んだが、しかし実際に亡命させると意外に小物だと気づいた。そこで記者会見で大物と見せたと松本は分析する。ゾルゲ事件ほど深い広がりもなかった。ラストヴォロフ亡命を知るやすぐに自首した日本人も単純にスパイの協力者とは見ていない。

前述の志位はシベリア抑留から帰還した将校で、彼のほか元関東軍航空高級参謀が米ソの二重スパイだった節もあるとの証言も紹介している。

外務官僚の一部が情報提供者としてラストヴォロフに関わったとして、数人が逮捕されているが、そのうち一人が取調室の窓から飛び降り自殺をするという事件も起こった。松本はこれにふれながら、戦後において米ソの情報戦争に多くの元軍人や共産党員などが巻き込まれ、自殺に追い込まれるケースも多かったと書いている。ただ不思議なことにこれらには遺書がないと述べ、六つの具体的なケースを挙げている。

この六つのケースというのは表面に挙がっただけで、実際はもっと多いのではないか、米ソ情報戦争の谷間に落ちこんで不明だと見る。その六つのうち初めに挙げられているのは、「昭和二十一年九月、米軍病院にてソ連から出廷した極東国際軍事裁判所の草場辰己中将の怪死」である。これについては、私は拙著(『瀬島龍三――参謀の昭和史』)を著す際に、アメリカの国立公文書館や占領期の資料を納めているナショナルレコードセンターを訪れて資料調べを行ったので、ある程度の補足はできる。

草場は関東軍の鉄道司令官だったが、敗戦と同時にソ連軍の捕虜収容所に連行された。昭和二十一年五月三日に極東国際軍事裁判が開廷するのだが、その折ソ連の検事側証人として、草場は関東軍参謀だった松村知勝、瀬島龍三とともにハバロフスクから東京に連れてこられた。草場はソ連の管轄下にあった東京・丸の内の三菱ビル三号館に入るやまもなく隠し持っていた青酸カリを飲んで自殺している。ソ連の検事側証人として出廷し、日本に不利な証言を強要されることに我慢がならなかったのである。

このとき草場の身の回り品のなかに日記があったらしい。それにはシベリアの収容所でソ連側から証言を要求されたことなどが克明に描かれていた。アメリカの検事団は自殺を確認したあと、その日記を持ち帰り、英語に訳して資料としてのこし、そして原本はソ連に返したと推測される。私はナショナルレコードセンターで、その英文の日記を入手した。昭和六十二年三月のことである。この日記は遺書とはいえないが、ソ連側から恫喝、甘言などを受けて、屈辱的な捕虜の役割を引き受けさせられたことが書いてある。そこには「将校でありながら捕虜となり、どの面下げて祖国に帰れるのか」とか、「私には自殺しか道がなかったと諦めて下さい」といった表現もある。

草場は米ソのスパイ合戦に巻き込まれたというより、巻き込まれつつあったということになるだろう。そしてその苦衷も日記のなかに書かれていることを思えば、他のケースとは異なっている。つまり『日本の黒い霧』にはこの段階（昭和三十五年）で十分な内容は書いているが、その後の調査では松本の指摘に合致しないものもあるように思うのだ。

ただ松本の次の指摘は正しいのではないか。

これらの人々は例外なく、二重スパイの嫌疑を受けている。だが、「二重スパイ」とはそれらの人々が背負わされている必然的な宿命なのである。米ソ両側とも一方的には情報は取れるものではない。対手側から獲得しようと思えば、必ず味方の「売ってもいい情報」を出さなければならないのである。見返りなしでは相手の重要な情報を取ることは困難である。これが第三者から見ると二重スパイのように見える理由であった。

米ソの情報戦争に巻き込まれた多くの日本人が命を失うという背後には何があったのだろうか。松本はこの作品を次のように締めくくっている。

「われわれの平和な日常生活が、いつ、どんなときにどのような謀略の利用に破壊されるか分らないことを、この事件は教えている」

接収ダイヤはどこへ消えたか

『日本の黒い霧』のなかには、ほとんどの日本人が気づかないような、きわめて興味深い視点の作品も入っている。

そのひとつが「征服者とダイヤモンド」である。この作品はいわゆる謀略機関がどのように資金をつくって運用し、それを謀略にどう使っていたかということを解いているのだが、松本の調査は生半可なものではなく、多くの日本人が気づかない事実を見事に暴きだしている。私自身、昭和史に関して多くの取材をしてきたが、こういった視点で抉られた事実にはほとんど出会ったことはない。

昭和十八、九年頃、軍部が戦備に利用するために国民から貴金属の徴収をはじめたのだが、そういった貴金属が戦後どこへ流れたのかについては諸説があった。資料や文書はほとんど残ってはいないがゆえに興味をかきたてられるテーマである。

昭和の終わりから平成にかけてのことだが、私があるシベリア抑留体験者に取材したときのことである。

彼は、戦中あるいは占領下において、日本の戦後処理がどのような状況にあったかを調べ、あわせて自らがシベリアに抑留された所以は何であったのかに鋭い関心を抱き、占領が解けてからは自らの人生はその調査に賭けるという意気込みを持つ人物であった。

彼は私を書庫へ招くと、これを読んでくれといって一冊の資料を私に手渡した。それは彼がごく親しくしている古書店で買ったらしいのだが、あまりにも秘密性の強い資料であったために、彼自身も古本屋の主人も、周囲にそれを語らないというのが暗黙の諒解であったらしい。

その資料とは、戦後の日本の闇物資、貴金属の類がどのように保存され、誰が、いかにして持ちだしたのかということを、GHQが日本の警察機構の一セクションに調べさせたその報告書のようであった。彼が持っていたのはその複写と思われる綴じ込みであった。

つまりGHQの側には届いたのであろうが、日本の官庁にはどこにもないと思われるような貴重な資料であった。どのようなルートからか、古書店を回って、そして彼の元へ届いたのだ。

そのページをめくりながら、戦後、名を成した企業の経営者の名前を発見して私は愕然とした。陸軍の機密費や接収した貴金属を資金として流用し、私物化して戦後の企業が起こっているという事実が窺えたからである。

とはいえ、私はその問題についての関心はそれほど深くはなかったので、結局それ以上立ち入ることはしなかった。その時、彼に松本の「征服者とダイヤモンド」を読んだかと訊かれたのだが、それほど丹念に読んだ記憶がなく、それを機にあらためて読んでみた。

話は大蔵次官・山際正道という人物が、昭和二十年九月三十日、突然GHQのESS（経済科学局）のクレーマー大佐から電話を受け、日本銀行の監察がアメリカ武装兵の監視の下で行われるところから書きおこしている。

莫大な貴金属が占領軍の管理担当者、あるいは日本の関係者によってさまざまのルートでかすめ取られたという事実を松本は追及していく。

終戦時には、かなりの量にのぼる貴金属が政府の管理下に置かれていたはずで、もっとも多くの貴金属、とくにダイヤモンドが保管されていたのは日本銀行本店の金庫だった。ところが、昭和三十五年に接収貴金属処理審議会が設置され、その処理が本格的にはじまったとき、日銀本店で管理されている接収ダイヤはわずか十六万カラットしかなかった。

山際が立ち会っていたなかで、大量のダイヤモンドが日本からGHQの監視下に移ったが、それが米軍諜報機関の資金の一部に変わったのだろうというのが松本の推理である。

「征服者とダイヤモンド」は、謀略というものを資金面から分析すると、どのような特徴があるかという関心に基づいている。占領軍は接収したダイヤをどのように換金し、その資金を日本国内でいかにバラ撒いたか、もちろん松本も具体的にはわからないというのだが、しかし、いくつかの状況証拠についてふれている。

この作品は確実な証拠というものがないので、多様な例を持ちだして記述を進めている。たとえば、インド独立の志士といわれたチャンドラ・ボースを引き合いにだして話をわかりやすくしている。ボースが持ってきたとされる石油缶二本に入ったダイヤや貴金属などは、やはり日本のどこかに流れて厖大なダイヤや貴金属に混じっているのではないか、日銀からアメリカに押収されたダイヤや貴金属は闇組織とつながっていなければ換金化することはできなかった事情などもにおわせている。

このことを具体的に見ていくと、現実にG2のウィロビーのもとで培養された日本の諜報機関や日本の権力の末端が謀略にどう関わったかについてふれてはいないが、謀略が厖大な資金的裏付けがなくてはできないことがわかる。日本の諜報機関はそのような資金で動いたと松本は見ているようだ。

謀略史観と一線を画す清張史観

こういった問題点というものを抉りだしていく、あるいは鋭く突いていくのは、アカデミズムに染まった歴史学者の領域の仕事ではなく、世俗のなかで人間の生身の姿を見た作家にこそできるものではなかったろうか。

私はこの「征服者とダイヤモンド」を読むたびに、この作品は未完成であって、誰かが書き継いでいくべきだという期待を持つ。実際に松本自身がそれを書きたいという思いがあったとも聞いている。だが、謀略と資金の流れについて、結局私たちは明確な姿を描きだすことができないのも事実だ。むろんM資金話に見られるように詐欺師集団がGHQの隠れ資金が中小企業経営者にむけて運用されると吹聴して歩いた事実はあり、あたかもその種の話が真実であるかのように流布されたときもある。現実にはそれはとてもあり得ない。それに苛立ちながら松本はこの作品を書き、これをステップとしてさらに深く描写される作品を期待していたのではないかと思う。

この作品の末尾でも松本は、謀略とはどういうことかを書いている。

つまり、『昭和史発掘』が二・二六事件に収斂されていくように、『日本の黒い霧』はすべてにおいて、アメリカの謀略に収斂されていくということが個々の作品でも強調されているのである。

謀略はどの辺で行なわれ、いかなるかたちで行なわれているか、今後もわれわれの眼からは見ることは出来ない。それが分るときは何かの事件が起ったのちである。例えば、アメリカの謀略方面の国務長官と云われるCIAの親玉アレン・ダレスが日本に来て、駐留米側と協議し、すぐに軍用機で帰国した事実など、ジャーナリズムはもちろん、日本政府の権威筋ですら、知っていなかったのである。

このあたりになると、表現は若干曖昧になっている。謀略というのは決してわからない、そのことを知っておくべきだというのだから当然であろう。謀略史観というのは歴史を見るときの健全な見方とはいえない面がある。

謀略史観に凝り固まった歴史観は、何が起きても特殊な謀略によって歴史を理解しようとする。たとえば、すべてのことを共産主義者の陰謀だとする見方がある。それは太平洋戦争そのものも、共産主義者の陰謀であったという見方になっていく。現実にそのように見る軍人も戦後いないわけではない。たとえば海軍軍人の真崎勝次の太平洋戦争への道を書いた本などがそうである。さらにフリーメーソンとかユダヤ人の陰謀と説く人たちの書もまたそうだ。こういった史観というのは一読すると面白いのだが、歴史そのものの客観性、あるいは史実の重みからしだいにかけ離れていき、特定の現象を歪んだ見方で染めてしまうことにもなる。

私はこうした歴史観は病的な側面を備えていると思う。これらの謀略史観と、松本がいう謀略との区別はどこかといえば、客観的に資料を集めているか、集めた資料がたとえ自分の史観に背くものであっても、それを紹介しているかといった尺度を持つことで見抜けるはずだ。松本はそういった謀略史観とは一線を画していると断じていいであろう。

なぜなら、『日本の黒い霧』はアメリカの謀略によるといいつつ、いずれにしても説得に値する資料、説得に類する論理を明確にしている。それゆえに謀略史観から一線を引いた重さがある。

もちろんそれは作家としての眼、能力があるからという言い方もできるであろう。ただ、松本の文学に親しんでいない人の眼で見れば、『日本の黒い霧』はあまりに自分に都合のいい見方で史実をつなぎあわせているだけではないのか、との言い方が成り立つ。

昭和前期のある時代を指導した軍事指導層のひとりは、私の処女作の帯に松本清張の推薦文があるといって私の取材を断り、松本は事実よりも先入観で史実を見ると怒ってもいた。この軍人自体が謀略に生きていたことをのちに私は知った。

キャノン機関の影

昭和二十六年十一月二十五日、藤沢市の路上でひとりの男性が何者かによって拉致されるという事件が起きた。これが鹿地亘事件の発端である。

プロレタリア作家、鹿地亘が拉致されたこの事件について、今となっては知る人は少ないのだが、サンフランシスコ条約が調印され、日本がまもなく独立する時代のことである。翌年の四月に日本は占領が解ける。

朝鮮では、前年六月にはじまった戦争が、韓国軍が優勢になったり、北朝鮮が優勢になったりと、そのつど、三十八度線を挟んで攻防戦がくり広げられていた。鹿地亘の誘拐が新聞に騒がれるようになったのは、彼の政治的経歴への関心が深かったからである。

鹿地亘は占領下において、いわゆる革新側の作家であったが、彼はなぜ誘拐されたのか。そしてその誘拐はどういう意味があったのかは判然としていない。

彼は一年ほどあとに解放されるのだが、そのときにも自らの身に起こったことを発言し、そして手記も一部書いているが、真相は未だに明らかになっていない。

鹿地が誰に誘拐されたのかについては当時すでに明らかになっている。それはGHQのウィロビーを軸とするG2の末端組織キャノン機関であり、誘拐されて連れ込まれたのは、当時GHQが接収していた岩崎邸（通称・岩崎ハウス）だった。もっとも岩崎ハウスだけではなく、鹿地は各地を転々と動かされたのであったのだが、それにしても、なぜ鹿地はこういう扱いを受けたのか。

鹿地は戦前、プロレタリア文化連盟の書記長を務め、投獄された経験もあって中国に逃れていたのだが、そこでアメリカの情報機関と接触する一方で、ソ連の情報や資料を分析していたという。鹿地はそういった情報にふれながらも、自らの思想としては社会主義的な傾向を持った知識人だと自認していた。終戦後、日本に帰国して著述活動をしているときに誘拐されたのだ。

キャノン機関（G2直属のCIC独立機関）に誘拐されて、何ヵ月間か鹿地は厳しい尋問を受けたとされている。そういった尋問を受けたにもかかわらず、なぜ殺害もされずに逃げ戻ることができたのか。それは岩崎ハウスに勤めていた山田という日本人職員が、鹿地が誘拐されていることを外部に洩らしたからで、それに対してGHQもキャノンに事実を確かめたうえで釈放するという手続きを取っている。その経緯には曖昧さが残るのだが、その日本人職員は共産主義に対してシンパシーを持っていたのではないかともいわれている。

キャノン機関は、鹿地が中国にあってアメリカの情報機関と近い関係にあり、その一方でソ連側ともつきあいがあったから中国における日本人の諜報組織について聞きだそうとしていたのではないか、それが松本の推測である。

同時に鹿地は当時アメリカの意を受けて、情報解析を行っていたことを外部に洩らしているかどうか、というような問われ方もしたらしい。つまり、そのことによって日本の情報機関がアメリカのキャノン機関の下請けという形で入り込んでいたことも日本では知られていたのだ。日本の情報機関の連中が鹿地を通して日本側の情報、ソ連側の情報を持っているのではないかというので調べたふしがあった。

こうしたことをふくめると、この鹿地亘事件はアメリカのキャノン機関が日本で行っている活動の一環であり、諜報員、あるいは第二次世界大戦下で生きた情報工作者に対して何らかのチェックをしようとしていたことが推測できる。朝鮮戦争をふくめた極東アジアでの情報戦争の一環として、太平洋戦争の戦時中に何らかの形で情報に手を染めた者に対しては、アメリカの情報機関は黙認していないのである。

一方、戦時中に情報活動をしたり、あるいは共産党にシンパシーを持った人たちは、戦前の自らの行動に対する不安や疑念があり、それが脅かされる対象にならないだろうかという不安のもとで情報活動から手を引く者が多かった。

松本は、やはりここでも謀略が現実に垣間見せたといい、それはたまたまキャノン機関のアジトにハウスボーイの山田が勤めていたために一般に知られたにすぎないという。日本の世論が騒がなかったらどうなっていたかわからないとも推理している。

この作品の最後の一節は、当時（昭和三十五年）の松本の本意であっただろう。


それにしても、鹿地事件ぐらい未だに真相の分らない事件はない。冒頭にも述べたように、今日でも、当局側では真相を匿しているし、また鹿地の側にしても、その全部を云い尽したという感じがしない。あらゆる点で、鹿地事件は、未だに複雑怪奇である。

私はアテ推量ながら以上のことを書いたが、これとてもどこまで事実に迫っているか、自信がない。これが本当の謀略というものの姿であろう。


謀略とは真実を覆い隠しながら、その実真実らしきことを巧みにいいたてるということだろうとしつつ、私はその罠に取り込まれているのかもしれないとの自省とも読むことができるのだ。

帝銀事件に向けられた執念

「謀略とは、少しもその姿を出さずに活動し、目的を達したら、誰にも知られることなくその地を去るのをいうのである」

という松本の謀略観は、『日本の黒い霧』の他の作品のモチーフともなっている。『小説・帝銀事件』の執筆が『日本の黒い霧』を書くきっかけになったというが、実はこの『日本の黒い霧』シリーズのなかでも「帝銀事件の謎」というタイトルでふれている。小説を書いたときの疑問（たとえば警視庁の捜査方針が急激に旋回した印象を与えることなど）は依然として消えていないので、あえて再度取り上げたいというのだ。平沢貞通の逮捕に至るプロセスなどはもうふれずに、捜査への疑念一点に絞って書いている。

松本の執念も並み外れたものがあり、それが執筆を支えたエネルギーだったのではないかと思われるほどだ。

帝銀事件は、昭和二十三年一月二十六日に帝国銀行椎名町支店にあらわれた中年男が、近所に集団赤痢が発生したので、占領軍の命令で全員が予防薬を飲まなければならないといって、十七人の行員に毒薬を飲ませた事件である。当初、捜査は医療や薬局に心得のある者や帰還した将兵など幅広く行われた。しかし捜査が百五十二日を過ぎた頃には「大幅な捜査線圧縮を果し、捜査方針の一部を新たな方向に移行」して、「軍関係者」に絞ったという。その文書も紹介されている。そして軍の関係者とは七三一部隊などの細菌兵器や細菌の戦争利用を考えていた部隊の関係者を指している。

ところがこの指示の二ヵ月半ほどあとに、画家の平沢貞通が犯人と擬せられるようになり、二百十日目に小樽で逮捕された。
　松本はこの捜査方針の変更や平沢周辺に薬品関係者がいないことを指摘している。平沢逮捕の不自然さや七三一部隊関係者がアメリカやソ連に利用されたことなどにふれてもいる。そうした推理を進めながら、「私の想像による犯人」として三つの仮説を立てている。もっとも考えられるのは第三の仮説だとする。それが以下のような説である。

　曾ての第七三一部隊（関東軍防疫給水部、石井部隊）か、または第一〇〇部隊（関東軍軍馬防疫廠）に所属した中堅メンバーであり、ニトリールのような毒物の存在を知り、かつ、それを利用しうる立場にあったが、戦後の秘密作業は知っていたものの、関係は公的にはなかった。

　警視庁は「軍関係者」に捜査を行っていたが、GHQはそこに手を伸ばしてほしくないと考えていた。松本はその理由として、GHQの作戦参謀部のセクションが、「最高秘密作戦計画の一つであるCBR計画のC項（細菌）における石井作業の完全秘匿にあったと思う。この作業内容が日本警察の捜査によって暴露すると、甚だ困ったことになるからだ」という。松本は執拗にこのことをいう。なんとしても説得しようと読者へ論理を示してくれる。
　なぜ松本はこれほどまでにこの帝銀事件を追いかけたのか。もとより「平沢は無罪」という確信をもったのであろうが、その意図はこの作品の最終行を読むとわかる。国家の謀略の恐ろしさは平凡な庶民を巻き込むというのである。

帝銀事件は、われわれに二つの重要な示唆を与えた。一つは、われわれの個人生活が、いつ、どんな機会に「犯人」に仕立上げられるか知れないという条件の中に棲息している不安であり、一つは、この事件に使われた未だに正体不明のその毒物が、今度の新安保による危惧の中にも生きているということである。

あえて松本自身が傍点を打って強調しているほどだから、この恐怖感は彼自身の恐れだったのかもしれない。確かにこれだけ〝本質〟に迫っていったなら、何らかの勢力に狙われるのではとも懸念される。松本はより多く作品を発表して世間の目を自分に向けておく必要性があったのかもしれない。それが自分を守ることだとも考えたのかもしれない。

松川事件の犯人像

松川事件が起こったのは昭和二十四年八月十七日である。午前三時九分に金谷川・松川間のカーブ地点で旅客列車の機関車と先頭車両が脱線転覆した。機関士ほか二名が死亡した。レールの継ぎ目板が外され、枕木の釘も抜かれていて、人為的な事故であった。犯人として共産党員や国鉄の労働組合員らが次々と逮捕されたが、「推理・松川事件」ではその強引さにふれ、実際に脱線を容易にするために線路を操作することも詳述しながら、共産党犯行説に疑問を示していく。作家の広津和郎による執拗な分析（とくに無罪を主張するために裁判記録を分析してその不合理性や矛盾を追及する方法）に基づいて、松本も「全被告を無罪と信ずるものである」と明言している。その確信をもとに、犯人像を明確にしていくというのがこの作品の言わんとする意味である。

私が関心を持ったのは、松本が一審のときのある光景について書いた部分だ。次のようにある。

また、松川裁判の一審の時にも、明らかにアメリカ軍の二世と思われる者が裁判長席の後ろに控えていて監視するような状態であった。これは弁護人側の抗議で、さすがに裁判長も退去させたが、これを見ても、いかに松川裁判をアメリカ側が注視していたか分る。ところが、このアメリカ軍人の裁判席に居たことはそれほど取るに足らぬことだ、という不思議な説をなす者がいる。

この不思議な説をなす平野龍一東大教授を批判しつつ、「松川事件には、アメリカ占領軍の幻影が常に付きまとっているのである」と断定している。占領軍の名のもとにアメリカがこの国の実権をにぎっているときに、松川事件が発生する前後には奇妙なことがいくつも重なったという。八月十七日の事件前夜、旅回りのレビュー団が事故現場近くの芝居小屋にやって来た。たった一回、この日だけのレビューで、公演が終わったのは午後十時だった。それから数時間後に事故は起こっている。この芝居小屋の主人は、興行主が誰かを明かさなかったが、松本がこの作品を書く頃には「戦前から満州、中国などを渡り歩き、戦後、国鉄、警察、米軍に関係を持っていた怪人物」とわかったという。

こういう事実を示されると読者としては信じたくなる。しかも司法の場で犯人とされる人たちの決行理由が曖昧であることにも気づく。GHQの謀略は相当大がかりで、それに協力した日本人工作員も多いと思われるが、今なおいっこうに犯人の名が挙がらないのは松本の「謀略説が真実でない」か、それとも松本のいうように「GHQのG2が本格的に関与していた」かのどちらかである。私は松本の側に立ちたいが、松本の説は思い過ごしという批判もあり、定かにはわからないのだ。

なお松川事件は、その後最高裁で差し戻しとなり、仙台高裁で裁判のやり直しが行われ、「全員無罪」の判決が出されている。しかし具体的な犯人像はわからず仕舞いとなっている。

説得力に欠ける「白鳥事件」の推理

「白鳥事件」にも謀略の影がある。これは特異な事件なのだが、昭和二十七年一月二十一日午後七時半過ぎに、札幌市内で中央警察署の警備課長白鳥一雄警部が射殺された事件である。共産党への監視をつづけている警察幹部が撃たれただけに、共産党員によるテロ事件という見方がされたわけだ。

私はその頃、札幌市内の中学一年生であった。この事件を報じる新聞記事には、白雪に血が染まっているといった見出しがついていたように思う。私の通っていた中学校の通学区域もこの現場とそれほど遠くはなかった。中学生であったから、私には事件の背景など知る由もないが、現在に至るもその新聞記事の内容が気にかかっている。

松本は「白鳥事件」を謀略と見るが、それには独自の視点でこの事件を説明している。まず事件はどのように起こったか、そのときの様子を克明に描写していく。裁判資料や新聞記事が使われていて、その描写はまるで現場に立っているかのようである。

白鳥は「当時三十六歳であった。氏は、十五年前、北海道で巡査になって、終戦まで外事係として勤め、ハルビン学院委託生としてロシヤ語の習得などをしていた」。戦前は特高活動に従ってきたといい、昭和二十六年八月から十月にかけて、日共が軍事闘争方針を採択すると、「白鳥は次々に党員を捕えて投獄し始めた」そうだ。そのために党員たちには憎まれていたという。

また白鳥は前に風紀係をしていたので、飲食街をよく知っていた。

まずこの事件の犯人は、日共の党員であるというのが、捜査のはじまりだったという。しかも日共の北海道地方委員会の者が「白鳥氏殺害は、官憲の弾圧に抵抗して起きた愛国者の英雄的行為」という声明を出したりもしていた。

警察は具体的に犯人を逮捕することができずに、しだいに焦ってくる。それが、札幌の共産党員Nが温泉街の伊東市で行き倒れになり、警察の保護を受けていることがわかってから急展開する。Nは党と絶縁して札幌の地下組織の模様を話しだしたというのだ。そしてある程度の内容がわかってくる。

共産党側のパンフレットや手記なども使い（もとより松本なりの真偽の精査をしたうえでということになるが）、経緯を説明していく。地区委員長の村上国治やビューローの佐藤直道、迫平雍嘉などが犯人と目されるが、松本は国警（G2の影響下）と自治警（GSの影響下）のナワ張り争いが激しいことにもふれている。

昭和三十二年五月の第一審判決では、村上が無期懲役に問われるが、下手人は佐藤博とされた。もっともこれは元党員の証言が軸になっている。こうした裁判では日共の軍事闘争が暴かれていて、そこで使用された弾丸が犯行に関係あるのではないかといった点も論争になっている。

これとは別に、白鳥を殺害したのは「右翼暴力団のしわざ」という説もあると紹介していく。札幌信用組合理事長の佐藤英明は公金横領や不正貸出しをしていたが、それを知った白鳥ら警察側の何人かが佐藤から金を引きだしていたというのである。佐藤には黒竜会系くずれの一派がついていたのだそうだ。その後佐藤が自殺したりと妙な動きもあったと説明する。

白鳥が出入りしていたバーの従業員の証言が紹介されたり、白鳥の個人主義的性格によって、仕事の内容を署内であまり洩らさずにいたというエピソードも語られる。こうした事実をいくつも挙げ、松本の論点はしだいに謀略に絞られていくのだ。

そして松本は前述の札信理事長、佐藤英明はＣＩＣなどにもつながるルートがあったとし、このルートに犯人がいるのではないかと推測している。日共が事件を起こしてもおかしくないという空気があり、それが利用されたのではないか、と松本は説くのだ。まったく別のショッキングな事件が起きても、やはり「札幌の共産党の仕業」とされただろうという。

最後の一節は次のように書かれている。松本は事件の結果として起こったことが、実は事件を起こす側の狙いだったというわけである。

それだけの背景設定は、いつでも用意されていたのだ。見るがいい、「白鳥事件」が起きて、北海道で最も強く、全道の中心だった札幌地区の日共地下組織は、めちゃめちゃに壊滅し去ったではないか。これこそ「白鳥事件」を起した者が狙った効果ではなかろうか。

この結論は確かに興味のある見方だ。なるほどという感がする。しかし、もうひとつ説得力をもたないのはなぜか。松本の着想や推理には抜きんでたものがあるが、それにしても説得力をもつ史実が浮かびあがってこないことである。この点に私は戸惑いを覚えるが、このような着想や推理だけで事件を見ていくことに読者としてもいささか疲労を感じるのではないだろうか。『日本の黒い霧』にはそういう疲労を生む作品も含まれている。そうした作品には、謀略史観に近づく寸前で筆を止めて、それ以上は踏み込むまいとする必死の自制も感じられる。

謀略の視点で朝鮮戦争を暴き出す危険性

最後にふれておかなければならないのは、「謀略朝鮮戦争」である。

朝鮮戦争は今となっては、昭和二十五年六月二十五日に、北朝鮮が一方的にスターリンの了解を得て韓国に軍事的侵出を行ったということは誰でも知っている。それこそが朝鮮戦争当時の共産主義陣営の戦略だったことを示しているのだが、当時から一九九一年のソ連崩壊までは、この戦争は韓国がアメリカ軍とともに北朝鮮に攻め入ったという韓国侵出説が有力であった。つまり社会主義的な見方をする人たちは韓国の侵略を声高に糾弾し、それが日本でも受けいれられていたのだ。

客観的な史実は別にして、これは思想的に論じられてきたケースといえるだろう。侵略したのは北朝鮮ではないということで、朝鮮戦争の正当性を社会主義陣営の側が持とうとしたのである。

しかし、現在明らかになっている事実から見れば、松本の「謀略朝鮮戦争」は他の作品と違って、いささか時代のずれがあるし、新資料によって否定される形になっている。したがって、私たちが注意しなければならないのは、松本の朝鮮戦争に対する理解は誤りだという諒解を前提に、昭和三十五年という朝鮮戦争から十年後の段階で、こうした見方が一般的であったこと、そして思想的にも有力だったことを確認することである。

しかも今、松本の見方が誤りであることをふまえれば、謀略の視点で朝鮮戦争を暴きだすことの危険性を私たちに教えていると見ることもできる。
私の見るところ、『昭和史発掘』は二・二六事件に収斂してそれ以後にふれなかったが、それを基に考えると占領期のさまざまな事件は朝鮮戦争に収斂されていき、この戦争を機に「それ以前」と「それ以後」に分かれると考えていいように思う。この冒頭で、松本は実際そのようなことをにおわせてもいる。

朝鮮戦争はケタ外れに大きいし、必ずしも、このシリーズの最終に書くべき課題ではないかもしれない。しかし、これまで書いてきた一連の事件の最終の「目的」は朝鮮戦争のような極点を目指し、そこに焦点を置いての伏線だったと云うこともできる。もっとも、米軍は最初からこの戦争を「予見」したのではあるまい。在日米軍は、その占領初期の段階では、少くとも日本民主化の忠実な使徒（もちろんアメリカの利益の枠の中で）であった。それが変貌したのは極東情勢の変化からである。一九四八年ごろから、そろそろ、この「予見」がはじまったといってよい。

朝鮮戦争という現実の戦争にふれることで、日本を占領していたアメリカを中心とする連合国は、その利害関係が衝突していくことになる。日本が独立を回復するための前提である講和条約はアメリカ主導の単独講和かそれともソ連や他の社会主義国を含めての全面講和かが問われることになる。吉田首相はむろん前者であった。加えて、アメリカは占領期前半の非軍事政策を捨て、日本に再軍備を要求することになる。そのために日本により具体的な謀略を突きつけることで日本人の意識を変えていこうとした、と松本は見る。

松本はそうした動きに抗する歴史観を示して、日本人に警鐘を鳴らしたのである。それこそが松本自身の政治観でもあったのだ。

開戦日はちょうど日曜日であったために、三十八度線を越えて北朝鮮が入ってきたのは、真珠湾のときと同じ性質の奇襲だったと見る向きもあった。ジョン・ガンサーは実際にそういう指摘をしている。当時の日本の新聞は、北朝鮮軍が三十八度線を越えてきたと書いている。

松本は占領軍の話、マッカーサーの話、ウィロビーの話を分析しつつ、次のように書いている。

いろいろな資料から見て、南朝鮮側では、戦争勃発を予見したさまざまな準備処置が講じられていたことがうかがえる。しかし、北朝鮮側に、この「処置」があったかどうかを知ることは出来ない。これは、その資料が乏しいためか、それとも、その「処置」が「皆無」だったか、どちらかである。しかし、全く皆無だったとは常識的に思われない。何故なら、三十八度線ではそれまで実に千回以上の小戦闘が繰返されていたし、また、のちに触れるような南朝鮮側の臨戦態勢の情報が全くキャッチされなかったとは思われないからである。

こうしたことを次々と列記しながら松本の筆は、最終的にこれはアメリカ側が北朝鮮に入るというような形に持っていく。

この「謀略朝鮮戦争」を読むと、前述のように、日本にとってさまざまな意味があったのだが、この戦争はこの国に、謀略というものの最終的な結実そのものを教えたと松本は説くのだ。しかし、今となってみれば、これは昭和三十五年当時の段階にとどまる考え方でしかない。

その意味でいうと、「謀略朝鮮戦争」というのは、訴求力をもたない作品といえる。そして朝鮮戦争のこういう見方が、私たちの国の歴史を見る眼を歪めた因である、との批判も生みだされてきたわけだ。

清張史観をいかに乗り越えるか

だが、この「謀略朝鮮戦争」を読んでいくと、日本の戦前の関東軍や朝鮮派遣軍の不透明な動きが、朝鮮戦争に尾を引いていることも理解できる。

侵略の口火はどちらが切ったかというのは、松本の見方は当たっていなかったが、しかしこの戦争の背後にどのような歴史があり、そこに旧日本軍が何らかの形で尾を引いているという指摘はやはり新鮮であり、私たちが昭和三十五年の段階で考えておかなければならない重要事だったことも誤りではない。

松本はつまりは朝鮮戦争のことをこう総括するのだ。

それでは、結局のところ、朝鮮戦争の本当の経過はどうなのであろうか。

アメリカ軍は三十八度線に火を点けた。しかし、当初の誤算は、韓国軍の実力を過大評価していたことと、北朝鮮軍の力を過小評価していたことであろう。アメリカは、韓国軍が攻撃を受けても少くとも二カ月くらいはもてると思ったに違いない。しかし、実際にやってみると、忽ち北朝鮮軍によって敗走させられた。もし、この韓国軍の実力がもっと早く分っていれば、アメリカ軍の朝鮮揚陸はもっと前から準備され、もっと早期に戦闘行動が開始されたであろう。

朝鮮戦争というのはアメリカが仕掛けた、しかし韓国軍の力を見誤っていたとの総括はやはり的を射ていなかった。この文章の最後は、「これまでの占領中のさまざまな事件が、この一つの焦点に向かって集中されているように、今後も（実質的にはまだ日本はアメリカの占領中なのだ）この種の謀略はアメリカの努力によってつづけられるであろう」と締めくくられている。

ここで括弧内の松本の注釈についてだが、松本にとって、昭和二十七年四月二十九日に独立を回復したといっても、戦後は未だにアメリカの占領と同じような状態であると断定している。これは私たちにとって一見奇異な感じがするが、実質的には日本はまだアメリカの占領中と書くことによって、日本の政治的な役割も、文化的・社会的にもアメリカに隷属した社会と見ていたことがわかる。
この意見に私は素朴には賛成しないが、その指摘は十分に有効性を持っていると思う。

「朝鮮は一つの祝福であった。この地か、或いは世界のどこかで、朝鮮がなければならなかったのだ」

と米朝鮮前線司令官ヴァン・フリート将軍は云った。I・F・ストーンは、この素朴な告白のうちにこそ、朝鮮戦争の隠された歴史の鍵がある、と云っているが、この次に、極東のどこかに「第二の朝鮮」が発見されたときは、第一番の滅亡の危機が日本を襲うことは間違いないであろう。

しかしこの見方というのは見事に崩れている。ベトナム戦争を見てもそれがわかる。したがって、『日本の黒い霧』が示している戦後の占領期の見方として、謀略という見方を持ち込むだけではやはり無理があると考えてもいい。

くどいようだが、そういった無理を承知で『日本の黒い霧』は読まれなければならない。『日本の黒い霧』を批判するだけでなく、アメリカの謀略によるといわれる十二の事件を、私たちが史実をもって補完し得ているのであれば、松本を越える実証性を身につけていることになる。それを獲得していないのであれば、松本は重要な視点をかなり早い時代に示したという一点で、先駆者としての役割を担っていると理解すべきであろう。

しかし、こうした作業を怠って、単に松本の見方をこの時代の狭い領域に閉じ込めて批判する限りでは傍観者的なエゴイズムでしかない。そのような批判を何度くり返したところで、結果的に清張史観を越えるものは生みだせないであろう。

松本が取り上げた昭和中期、あるいは後期に至る十二の事件をあらためて検証したうえで、史実として定着しうるのかを精査していくことが重要である。そのときに私たちは初めて清張史観というものの重みを知ることになり、そしてその作品を丁重に弔うことになるのではないかと思う。

その役割を果たす人が出るか否か、あるいはそれが今の時代に可能か否か私にはわからない。いつの時代か、次の世代によって松本清張の昭和史と清張史観は基本的な段階から問われることになるだろうという感じがする。それが昭和史研究の深まりに結びつくことを、私は祈っているのである。

エピローグ

昭和三十七年の初夏である。当時、私は京都の私立大学の三年生であった。一乗寺周辺に下宿していたのだが、ある朝突然そこに高校時代の友人のKが訪ねてきた。Kは東京である大学に通っていたが、不意に京都や奈良の旧跡を見たいと思ったというのである。

手には何冊かの書があったが、その一冊が松本清張の『球形の荒野』であった。推理小説の大半を読んでいたKは、この書にいたく感激し、奈良の唐招提寺を含め物語を映えさせるために書かれている奈良の街を歩いてみたいというのであった。私にも異存はなかった。私も松本清張の書を読みはじめていた頃で、この『球形の荒野』という作品のストーリーはあまりにも現実ばなれしていて（逆にそれだけリアリティがあるということをのちに知ったのだが）、まさに「小説」の醍醐味を知らされた。

私はKとともに一日を費やし、『球形の荒野』の登場人物になったつもりで奈良の旧跡を見て回った。Kはしきりに「松本清張の作品はほとんど読んでいる」といい、もし自分に才能があるならこういう作家になりたいと熱っぽく語った。

現在から思えば、すでに四十五年近くも前のことになるのだが、Kは、「この作家の作品を読んでいると、次から次へと作品を発表するのでそれに追いつくのが大変だ。とくに昭和三十五年は、ほら安保のときだったろう、デモに出なけりゃならん、授業にも行かなければならん、専門書も読まなければならん、そして松本清張の作品も読まなければならんので大変だったよ。この年は……」と語り、この年は『日本の黒い霧』や『わるいやつら』『砂の器』、そしてこの『球形の荒野』まで連載していると、その作品名を次々と挙げていった。

奈良郊外の畑道を歩きながら、不意にKは、「この『球形の荒野』という小説は事実に基づいているのではないかという気がするんだが、どう思うか」と尋ねてきた。その頃、私は昭和史に興味はなかったので聞き流すだけだったが、Kは学友のひとりに外交官の息子がいるといって、そいつがこんな話は戦時下ではあり得たというんだ、と洩らした。

「ヨーロッパでの和平工作を日本の軍人や外交官は進めていたけれど、こういう話は現実にあって、フランス人になりきってしまった日本人はいると考えたほうがいいんじゃないかと思う。松本清張という人はそういうウラ話を知っているのではないか」

そうしたとりとめもない話をつづけるなかで、「野上」という外交官に該当する人物を探したいともKは執拗に語った。

この頃の私たちの年代では、自分が感激したり興奮したりした小説にはあたかもそれが事実であると思い込むことも珍しくなかった。フィクションとノンフィクションの境界が曖昧になってくるのである。

松本清張の作品にはそうした錯覚を起こさせるすごみがあった。

このすごみにKも私もすでに気づかされていたともいえる。いや、松本作品の虜になっていくことで、社会や歴史への目の一端を開くことになったのだ。社会派作家というのはそのような意味も含んでいる。

松本の作品にふれていくと、作家はひたすら原稿用紙のマス目を埋めていく仕事だということがわかる。自らの関心のあるテーマを、並み外れたストーリーの面白さのなかに盛り込み、決して読者を倦きさせない。いや倦きさせないだけでなく、ときには学問や教養よりもはるかに多くのことを読者に伝えてくれる。作家は社会的な発言や行動よりも原稿用紙に向かうことが原則的な姿と身をもって示している。

松本は終生その原則的な姿に徹しきった作家である。

作家としてのスタートが四十一歳だから、一般には遅いといわれている。確かに松本の世代にあっては、著述活動は二十代、三十代前半からはじめ、すでに一家を成して作品を次々に発表している者が多い。松本もこのスタートの年齢が遅れていると考えたのか、とにかくその遅れを取り戻そうとするかのように作品を書きつづけた。八十二歳の死（平成四年〔一九九二〕八月四日）まで精力的に作品を発表していた。四十年余の作家生活でその作品数は千に達するのではないか。

こういう多作の作家は日本にも珍しいと思う。

松本作品の読者数はどれほどになるのだろうか。この稿を起こしている平成十八年の現在でも店頭には松本作品が並んでいるし、ときには売り上げのベストテンに入るほどの人気を集めている。松本清張の人生や文学作品をさまざまな角度から追い求める書（この書もそのひとつなのだが）も依然として刊行されている。日本文学史上に残るか否かは別にして、社会的にもっとも語り継がれる作家であろう。

私自身、松本作品の読者として、その作品にふれているうちに創作意欲や社会的関心が深まってくるとの感を持っている。前述のKは大学を卒業したあとに官庁に身を置いたが、そこにあっても松本作品を読みつづけた。彼は「末端の官僚として人を見つめるときに清張さんの人間を見る目がずいぶん役に立った」と述懐していたが、社会に出てからは人生の師という受け止め方をする読者に変わっていたのである。

松本清張というひとりの作家のなかに凝縮している歴史観、社会観、そして人間観はそれぞれの作品に反映されているわけだが、それは近代日本のある時期の姿を〈歴史意思（歴史がもっている強い意思）〉が松本のなかに凝縮させたという言い方もできるはずだった。松本個人の考え方や受け止め方は別にして、〈歴史と時代〉に使われて、憑かれたように原稿用紙を埋めていく時間のみを人生に課せられたということであろう。それゆえに私たちはこの作家の生きた時代をあらためて確認したいとの欲求が起こる。

松本のなかに形づくられている近代日本の素顔は何だったのか、という問いを自らに発し、そして向きあわなければならないということでもある。


人並み外れたという表現がふさわしい創作活動、憑かれたように書きまくる執筆生活。そこには同時代人からやっかみ半分のルーマアが流布するのもまた当然であった。

松本の作品のなかに『作家の手帖』という書がある。

これは、松本がさまざまな素材をどのように記録しているか、その取材メモのノートをまとめたものである。そこであえて書いておかなければならないという筆調で、多作であるがゆえに、「松本さんは助手をたくさん使って、調査係を使って松本工房のようなものをつくって書いているのではないか」とか、「代筆者がいるのでは」と何度も問われたことがあると記している。

こういうルーマアについてはいちいち反論するのも面倒なので放置しているといいつつ、しかしこうしたルーマアを信頼する者が多く、平林たい子のように「人間タイプライター」などと謗《そし》る者もあらわれたという。ルーマアの歪曲が作品そのものに関わるような状態になり、それにしても出回るだけの理由もあるのだろうとも認めている。

その理由として、次のように書いている。

「自分は書痙にかかり、思うようにペンが動かないために一時期、速記者のF君とY君を常時頼んで口述を成していた。その原稿に手を入れていた。それが助手または取材班を抱えた工房のように誤り伝えられた」

昭和三十年代、四十年代のある時期に確かに速記者を使っていたが、その後は書痙も治り使わないようにした。その経緯が意図的に広められたのではないかと推測している。

そのような噂がやがて中傷になっていったとも思うが、松本は頓着しないで執筆をつづけた。取り組むべきテーマがあまりにも多かったのである。その点でまさに歴史に使われたという言い方ができる。歴史的存在と自らを意識する作家は必ず世俗と距離を置き、それが次代の人が読む作品を生みだす力の源となる。

私は編集者から物書きの世界に入ったが、松本に関する噂話はいくつか聞かされた。むろんこれには真偽が不明な、いってみれば噂話それ自体が独り歩きするようなものもある。そうした噂話のひとつだが、この話は今も私の記憶に残っている。ある編集者からの話である。初期(昭和三十年代から四十年代にかけてのようだが)のことである。

「松本さんは売れっ子作家だから、どこの社も大切にする。大体が役員クラスが担当になるが、日常的には編集部員が原稿を取りに行ったり、連絡を担当する。あるときにある社の担当編集部員が替わることになった。それで役員とともに松本さんの家に挨拶に行ったそうだ。玄関口で松本さんはその担当者を一目見て、彼はだめだ、担当を替えてほしいと正面きっていってのけた。

なぜかというのに、松本さんはサラリーマン時代（朝日新聞西部本社）に私をいじめた上司とそっくりの顔をしている、彼を見ていると不愉快になるからといった……」

この話は事実か否か、私は正確には知らない。ただありそうな気がする。誰もがありそうに思う。

松本の原点は、実はこの怒りにあるということだろう。松本はサラリーマン時代に西部本社から東京本社に転勤する役員クラスの送別会で、社員ひとりひとりに杯をむけていくその人物から「君はいいんだ」と無視されたときの屈辱を忘れないと書いている。担当編集者の顔が気にいらないというのは、あるいはこの人物の顔と似ていたのではないだろうか。

松本の多作の因に、こうした人物への怒り、悔しさ、そして憎しみがあったからということができるのではないだろうか。憎しみというのはエネルギーを倍加させる。そのエネルギーが松本を駆りたてたのではないだろうか。

松本の昭和史に対する考え方は、本書でもふれたとおりだが、そこには怒りがあると見ればその意味がわかりやすい。なぜ二・二六事件にあれほどこだわったのだろうか。同時代人としてはまさに同年代の青年将校の心情など理解できるわけではなかった。これら青年将校の主体的な意思は別にして、歴史的には日本軍国主義そのものの道をつくったわけだが、松本はそういう理解よりも、青年将校はなぜ決起し、どのように権力内部に利用され、そして破滅していったかを丹念に追うことで、彼ら青年将校の怨念を見事に浮かびあがらせている。

政治的に二・二六事件そのものを弾劾するが、しかし一部の青年将校の描き方にはある甘さがあるように、私には思える。それこそが同時代の空気を吸った者のみがわかりあえる感覚ではないか。松本の昭和史ではその感覚を感じることができ、それが同時代人ではない私たちとの間にときに違和感を、ときに共鳴の感覚を与えるのではないか。

私見をいえば、松本はそこから逃れるために政治的には一見すると〝左翼〟のような発言をしたのではなかったか、と私には思えてならない。松本は、とくに一九七〇年前後には政治的発言を行っているが、そこには「戦後の日本人は、現在まで民主主義的な生活や制度にならされてきたので、軍国主義復活ということはとうてい考えられないという人があるかもわかりません。しかしながら日本人の性格には、一挙にしてとはいいませんけれども、急角度にその性格が変わっていく面があるわけです」（一九七一年十一月二十四日の講演。「世事と憲法」）という表現がしばしば用いられている。

自戒を含めて、私たちの弱さを松本は戒めている。それが昭和史への鋭い観察となり、記録となったのではないか、と私には思えてくる。それだからこそ、その作品は私たちに、今立っている地点を確認するよう迫っているわけだ。

二十世紀前半の日本の錯誤については、冷静に問い直しをしなければならない。それなしに私たちは二十一世紀の空間に身を置くことはできない。もしその問い直しや検証なしに二十一世紀に身を置くなら、私たちの国は「急角度にその性格が変わっていく」ことになるのではないか。

そうした自問をくり返すために松本作品は存在している。政治や思想とは別に、私たちの感性や知性を鍛えるために存在しているともいえる。今こそその理解が必要になっている。

『昭和史発掘』『日本の黒い霧』作品あらすじ

『昭和史発掘』

■陸軍機密費問題

長州出身で陸軍大将にまで登りつめた田中義一は、大正十四年に予備役となって政界進出、政友会総裁に就任するにあたり、持参金として三百万円を用意した。この出所に反田中派が疑いをもち、陸軍機密費の流用が疑われた。反田中派は元陸軍大臣官房主計をたきつけて告発させ、検察も捜査を開始した。

さらに国会では憲政会の中野正剛の追及にあい、田中は不利な状況に追い込まれたが、捜査を担当していた東京検事局の石田基検事の怪死によって、事件は迷宮入りとなった。松本はまた、官房主計の告発取り下げには憲兵隊の圧力があったことも示唆している。石田検事の怪死はこの次の連載にひきつがれた。

■石田検事の怪死

陸軍機密費問題、松島遊郭問題、朴烈大逆事件など、重要政治事件を担当していた東京地裁の石田基検事が大正十五年十月三十日早朝、東海道線大森・蒲田間の線路脇で轢死体となって発見された。

警察は事故死として処理したが、以前より石田検事にはさまざまな脅迫があったこと、前夜の不可解な行動、死体状況の不自然さなどから松本は謀殺説を主張し、「石田検事を殺したのは徹頭徹尾『政治』であった。この点、個人的になんの遺恨もうけていなかった下山国鉄総裁の場合とまったく同じである。私は、下山事件は、石田検事の殺害方法が一つの教科書になっているのではないかとさえ思いたくなる」と書いている。

朴烈大逆事件

関東大震災直後、無政府主義者朴烈が妻の金子文子と共謀して摂政宮暗殺を企て、爆弾入手を準備していたとして起訴された。具体的な準備は何もなかったにもかかわらず、大正十五年三月、大審院は二人に死刑判決を下した。この事件が当時の右翼を刺激したのは、二人から自白を引き出すために予審判事が二人を引き合わせた際に撮られた「怪写真」だった。右翼はこれを「司法権の紊乱」とし、時の司法大臣江木翼を攻撃、さらに野党政友会も絡んで政治問題に発展した。

松本は、「この事件が大正十二年九月の関東大震災時に起こった朝鮮人大量虐殺事件の直後にあったことに気がつかなければならない。この問題がなかったら、朴烈と文子の大逆事件は生れなかった」と、この事件の本質を抉っている。

芥川龍之介の死

松本が少年時代から親しんできた芥川龍之介の死を昭和史の一齣としてその真相に迫った作品。昭和二年七月、芥川は「将来に対するぼんやりした不安」という言葉を遺して自殺した。松本は「『ぼんやりした不安』のなかには女のことは入ってなかったであろう」としながら、「情事の躓きはその決意を深める動機にはなる。死を決した芥川の意識のどこかには絶えず女からの敗北が伴走していた」として、その女性関係についても深く分析している。

また芥川は、『今昔物語』や『宇治拾遺』といった古典から題材を得る手法を確立したが、その文学的行き詰まりからくる精神の衰弱があったとも見る。「芥川が、それらの主題を作家的な経験の上から語れば、彼の行詰りはなかったであろう。しかし、彼の人生は結局『書物』からの人生であった」と、作家の目から芥川の弱さが鋭く論じられる。

北原二等卒の直訴

『昭和史発掘』の特徴として、階級構造のなかで抑圧される者の怒りを通してその矛盾を突きつけるテーマがいくつかあるが、この作品もそのひとつである。昭和二年十一月、名古屋練兵場で行われた観兵式で、水平社運動の闘士・北原泰作二等兵が、軍隊内の身分差別を世間に知らしめるために、天皇に直訴状を手渡そうとして捕らえられるという事件が起きた。部落差別問題は軍隊内にも厳然としてあったが、松本は江戸時代に遡ってこの問題を検証し、軍隊内の非人間的秩序にメスを入れる。

「(軍隊では)人間の意志、思考、性格を殺し、ただ命令に服従するの習い性が要求されるのである。満州侵略の意図を持ち、その直前の体制を固めつつあった軍部が、以後、この『直訴問題』に鑑み、一層積極的に兵士をこの『習性』化へと進めたのはいうまでもない」と、この事件を位置づけている。

三・一五共産党検挙

昭和三年三月十五日、日本共産党が初の治安維持法適用によって全国一斉の大検挙を受けた事件を、当局の「極秘資料」や検事聴取書などを用いて描き出した作品。三・一五で起訴された者は四八四名に及んだが、治安維持法は、米騒動以来の情勢や共産主義運動の活発化に脅威を感じていた政府が大正十四年に強行成立させたものだった。

大正十一年にコミンテルンの援助を受けて結成された日本共産党は、同十五年十二月に山形県の五色温泉で実質上の創立集会を開き、昭和二年には「二七年テーゼ」をうちたて、党としての方向性を定めた。しかしこの大検挙、さらに翌年の四・一六検挙を通じて壊滅的な打撃をうけ、その再建は戦後まで待たなければならなかった。

「満洲某重大事件」

満洲某重大事件とは、昭和三年六月、中国北部の軍閥の首領・張作霖がその乗用列車ごと爆破され惨死した事件を指す。これは満州占領を画策する関東軍の高級参謀河本大作が計画指揮したものだったが、陸軍をはじめ政府はこの真相の秘匿をはかろうとした。天皇は田中義一首相に真相究明を求めたが、陸軍内の反発を受け処分には至れず、上奏した際の不手際で天皇の不信を買った田中内閣は総辞職。事件後、陸軍内では若手将校を中心とする一派が力をもちはじめ、下克上の雰囲気が蔓延する。

松本は田中の政治家としての無能を批判しながら、「この時期に有能な首相が出ても、満洲侵略に逸る軍部は、その政治力をもってしても抑えることはできなかったであろう。時代は個人の政治力を超えて、日本の破局の序幕を開けはじめる」と、この後の軍部暴走の端緒としてこの事件をとらえる。

佐分利公使の怪死

昭和四年十一月のある早朝、箱根宮ノ下の富士屋ホテルで佐分利貞男支那公使が死体で発見された。その右手にはピストルが携えられており、警察は自殺と断定したが、左利きの公使が右手にピストルを持っていたことなど不審な点が多く、他殺説も囁かれた。

佐分利公使は小村寿太郎を義父に持ち、幣原外相の右腕として活躍した花形外交官であったが、協調外交政策の下、軍部や大陸浪人が権益を求めて前面に出てくるのを抑え、正当な対支外交を確立しようとしていた彼を歓迎しない勢力も多かった。

石田検事の怪死と同様、松本は他殺説をとり、「あの事件の真相は、日本の国体が変ったときに初めて判る」という当時の警視総監、丸山鶴吉の言葉にその推理を象徴させている。非軍事的なテーマでありながら、その背後に軍部や政治の影があると見た典型的な作品である。

潤一郎と春夫

「芥川龍之介の死」について、文士を題材にとった作品である。昭和五年八月、新聞各紙は谷崎潤一郎が夫人千代子を佐藤春夫に譲った事件を報じた。谷崎が千代子の親類にあたる女性と恋仲になり、そっちのけにされた千代子に佐藤が同情し、現在の夫人と離婚し、彼女と結婚することで十五年越しの関係に決着がついたというのがあらましである。

松本は大先輩の私事をあえて書くつもりはないとしながら、芥川の自殺を大正末期の時流のなかでとらえたのと同様、これを同じ視点から眺めてみたいとして、「この事件は谷崎と佐藤にかなり心理的な影響を与え、それがまた二人の文学に影響を与えている」「二人が択んだ方法が正当だった証拠には、その後、佐藤夫妻が幸福な結婚生活を送ったこと、谷崎も松子夫人を得てますます旺盛な創作活動に入ったことでも分る」と分析する。

天理研究会事件

大正から昭和にかけて、大本教をはじめ多くの宗教団体が当局の弾圧を受けたが、そのなかでも松本が強い関心をもって取り組んだのが天理研究会事件である。

天理教の分派で、大西愛治郎を教祖とする天理研究会は、昭和三年に天皇を否定する教理が不敬罪にあたるとして検挙された。大西は大審院で、「心神喪失」を理由に無罪判決を受けたが、天理本道と名を替え、軍国主義が本格化するなかでも同じ教理を広めつづけたため、昭和十三年、治安維持法違反と不敬罪でふたたび検挙された。大西や幹部は敗戦まで獄舎につながれたが、最後まで非転向を貫いた。松本は、予防拘禁所で一緒だったという共産党員の言葉として、「他の宗教家が続々と転向して戦争協力者になってゆくなかで、天理本道の被告だけは絶対に転向せず、まったく特異だった」という言葉を紹介している。

「桜会」の野望

本書でいう「軍事的テーマ」を扱った典型的な作品である。「桜会」とは、昭和五年に橋本欣五郎中佐らが中心となって陸軍内に結成された政治結社で、陸軍省、参謀本部の中佐以下の若手将校が参加した。大川周明ら民間右翼と接触しながら、クーデターによる国家改造・軍部独裁政権の成立を目指した。

翌六年に計画した三月事件は未遂に終わったが処分者がいなかったことで、軍部内では下克上ムードが高まる。同年、十月事件が発覚すると、橋本らは地方に転任を命じられ、桜会は自然に消滅した。このの ち、北一輝の影響を受けた皇道派が台頭するようになる。

松本はこの作品を、「三月事件、十月事件に対する彼らの処分はいかにも軽かった。（中略）このことが、五・一五や相沢中佐事件にも心理的な影響をもってくる」と結び、二・二六事件へとつながるプロセスとしてこの事件をとらえ、深くメスを入れていく。

■五・一五事件

五・一五事件とは、昭和七年五月十五日、海軍将校、陸軍士官候補生、農村青年らが首相官邸、内大臣邸など都内要所を襲撃した事件である。この事件で犬養毅首相は殺害されたが、その際の「話せばわかる」「問答無用」といったやり取りは有名である。

決起した者たちは軍縮や不況による農村の荒廃を理由に国家改造を主唱したが、軍人によるはじめての実力行使は世間に衝撃を与えた。松本はこの事件を同年二月に起きた血盟団事件の延長ととらえ、井上日召、北一輝、橘孝三郎、大川周明といった両事件に影響を与えた理論家の動きなども詳細に叙述している。

当時の政党政治の腐敗に対する反感から決起将校に対する助命歎願運動が起こったこともあり、その処分が軽かったことで青年将校らの革新への機運は一層高まり、軍部は政治への発言力を増す。それが二・二六事件へつながっていくと松本は見る。

スパイ〝M〟の謀略

昭和七年十月、ピストルをもった三人の男が川崎第百銀行大森支店に押し入り、発砲して脅したあげく金を強奪するという事件が発生した。さらにその直後、警視庁は風間丈吉ら共産党幹部の一斉検挙を行った。この二つの事件の背後には、昭和四年の「四・一六検挙」以降、共産党指導部で重要な役割を担いながら、特高と通じた〝M〟という稀代のスパイの存在があった。松本はさまざまな資料を用いてMの正体に迫り、「こうした種類のスパイではマリノフスキーが有名だが、松村（注・Mのこと）のそれははるかにマリノフスキーを超えた稀代の才能」という一方、この事件でもっとも気の毒なのは松村によって特高に売られ、四日間にわたる拷問の末に死んだ岩田義道だと書く。

この作品の末尾は、「当時の特高テロは言語に絶していた。そして、同じくそのテロによってプロレタリア作家小林多喜二が殺されたのである」と締めくくられる。

小林多喜二の死

プロレタリア作家・小林多喜二の死を通して、昭和前期の権力による思想弾圧の凄まじさを描いた作品である。

多喜二は、小樽における共産党大検挙を描いた「一九二八年三月十五日」によって文壇の高い評価を受ける一方、特高の憤激をかっていた。昭和八年二月、地下活動に従事しながら作品を発表していた多喜二は特高警察に捕らえられ、築地警察署内での激しい拷問によって非業の死を遂げた。拷問を受けた多喜二の身体は青黒く変色し、とても人間の身体には見えなかったという。松本はこうした場面を具体的に描写していくことで特高への怒りをあらわにする。芥川龍之介との比較も試みられるが、「もし、小林多喜二が居なかったら、日本文学史の上でプロレタリア文学のスペースは、はるかに狭いものになっているであろう」ときわめて高い評価をしている。

■京都大学の墓碑銘

昭和七年から八年にかけて起きた滝川事件を題材にした作品。これも昭和初期の思想弾圧を扱ったもののひとつである。

京都帝国大学法学部教授・滝川幸辰の刑法学説が内乱と姦通を奨励しているとして、その著書が発禁処分、さらに鳩山一郎文部大臣は大学に滝川教授の罷免を要求した。学問の自由を主張する法学部教授会と文部省が対立、最終的に法学部の教官七人の免官にいたり、京大側の敗北に終わる。

松本は過去に起きた大学自治が政府と衝突した事例を取り上げながら、この事件を綿密に読み解いていく。そして、「あらゆる条件を利用する官僚の力の前には学者の抵抗など赤ン坊も同然である。京大法学部は敗れるべき運命のなかで敗れ去った」と結論づけている。

■政治の妖雲・穏田の行者

連載時、「しばらくかたいものがつづいたので、このへんで肩をほぐしたい」と書かれたのがこの作品である。『昭和史発掘』の番外編といったもので単行本には収録されていない。

ここで取り上げられているのは、明治末期から大正にかけて、政財界や宮中の黒幕として権勢をふるった飯野吉三郎という怪人物である。児玉源太郎の知遇を得た彼は予言者として陸軍内に信者を持つようになる。とくに山県有朋は彼を重用した。伊藤博文、清浦奎吾、下田歌子といった人物を自家薬籠中のものとし、その線から情報を得ては、「予言」の材料にし、利権も得ていた。しかし後ろ盾だった山県の死後、詐欺事件に関わったとして起訴される。免訴にはなるものの、彼がふたたび権力をもつことはなかった。松本は、「飯野は明治末期から大正末までの世相を象徴した人物といえる。国家主義、軍国主義の抬頭期には、このような人物が必ず現われるものだ」と書く。

■天皇機関説

滝川事件が大学と文部当局の争いで済んだのに対し、ファッショ勢力を勢いづかせ日本の方向そのものを戦争へと傾かせていったと松本が取り上げたのが、「天皇機関説」問題である。東京帝国大学名誉教授、美濃部達吉が唱える「天皇機関説」とは、天皇の大権は絶対無制限でなく、立憲的立場から制限されうるというもので、こうした学説は明治期からあり、憲法学上のひとつの通説といってよかった。

しかし昭和十年、これが不敬罪にあたるとして、右翼理論家・蓑田胸喜やその代弁者である貴族院議員菊池武夫らが攻撃しはじめた。野党政友会はこれを岡田内閣の打倒に利用、さらに陸軍内部はその派閥争いが絡んで、荒木貞夫陸相、真崎甚三郎教育総監などの皇道派がはげしく機関説を攻撃、国体明徴運動に発展する。結局、美濃部は貴族院議員を辞職するに至った。

■「お鯉」事件

これも単行本には収録されていない作品で、題材は超党派の斎藤実政権下で起こった事件である。

昭和九年三月、政友会の岡本一巳は司法大臣小山松吉がその二年前に共産党のシンパ小林武次郎から赤坂の待合で饗応を受けたとして、東京憲兵隊に告発した。共産党に資金提供をしたり、幹部を匿ったとして、昭和三年に逮捕された小林の罪が軽く済んだのは、当時検事総長だった小山に金品を贈り、刑の判決を軽くしてもらったからというのである。

世間がこの事件に沸いたのは、ただ司法大臣が訴えられたというだけでなく、この待合の女将がかつて桂太郎の愛妾として知られたお鯉だったからである。彼女は岡本側の証人となるが、そもそもこの事件は岡本とその共謀者である政治浪人が倒閣のためにでっちあげた陰謀だった。

陸軍士官学校事件

天皇機関説同様、二・二六事件への伏線として取り上げられたのが陸軍士官学校事件である。松本は「この事件くらい統制派対皇道派抗争の激しさを端的に現わしているものはない」とし、関係者への取材を通して多角的にこの真相に迫る。

昭和九年十一月、村中孝次、磯部浅一ら皇道派将校や陸軍士官学校生がクーデターを計画していると して、憲兵隊に逮捕された。彼らは統制派の辻政信大尉による謀略だと主張し、軍法会議では証拠不十分で不起訴となるが、行政処分として停職を命じられる。松本は、「この種の計画はこれまで何度もあったが、一つとして厳重に処分されていない。（中略）今回の未発事件に限り、停職処分という重罰だったので村中、磯部らが呆然となり次に憤激し、永田（鉄山）の陰謀だといい出した」と書く。以後、陸軍内の統制派と皇道派の対立は深刻化して、相沢事件へとつながっていく。

二・二六事件

『昭和史発掘』全十三巻のうち、第七巻から十三巻までが「二・二六事件」としてまとめられ（文春文庫の新装版は五巻から九巻)、その序章ともいえる相沢事件から判決に至るまで、きわめて詳細に叙述されている。

昭和十一年二月二十六日、陸軍皇道派の青年将校が千四百名余りの兵を引き連れ決起し、首相官邸など都内要所を襲撃した。これによって、高橋是清蔵相、斎藤実内大臣、渡辺錠太郎陸軍教育総監らが死亡。陸軍上層部は天皇の意志を受け決起部隊を鎮圧し、事件は四日間で終結した。七月、事件の中心的役割を担った青年将校らは特設軍法会議で審理され、十七人が死刑判決を受けた。事件の中心人物である村中孝次、磯部浅一は翌年、北一輝、西田税とともに銃殺刑に処せられた。『昭和史発掘』は叛乱将校の憲兵尋問調書や、鎮圧側の手記、軍法会議資料といった一級資料を駆使しながら事件の全体像を描ききっている。

『日本の黒い霧』

■下山国鉄総裁謀殺論

昭和二十四年七月五日、初代国鉄総裁・下山定則は公用車で出勤途中、日本橋の三越に寄ったまま行方不明になり、その十数時間後の翌六日零時半頃、常磐線北千住・綾瀬間の線路上で轢断死体となって発見された。警視庁は自殺、他殺の両面で捜査を進めたが、公式の結論を発表せぬまま捜査は打ち切られた。警察内部や法医学界、新聞社も自殺説・他殺説に分かれた。松本は他殺説をとるが、国鉄職員の大量整理をめぐる緊迫した政治情勢を背景として、この事件の裏にはGHQ内部のG2（参謀第二部）とGS（民政局）の主導権をめぐる対立があり、手を下したのはG2の下部組織CICだと推理している。

松本は、この事件を「日本の『行き過ぎの進歩勢力』を後退させるための謀略であった」とし、「この謀略の実際の姿は、世界における日本の現在の位置が変更せぬ限り、永遠に発表されることはないだろう」と締めくくる。

■「もく星」号遭難事件

昭和二十七年四月九日朝、福岡行き日航機「もく星」号は羽田を離陸した二十分後に消息を絶った。午後になって米軍筋から静岡県浜名湖の西南十六キロの海上で全員救助との情報が入ったが、機体の発見には至らなかった。

日航、海上保安庁は米軍の協力を得て探索した結果、翌十日朝、伊豆大島三原山噴火口近くでバラバラになった同機を発見、乗客乗員三七名の死亡が確認された。当時、航空産業は米軍の管理下にあり、「もく星」号を操縦していた機長もアメリカ人のパイロットだった。関東地方の航空管制は埼玉県のジョンソン基地が行い、この航空指示を羽田の米軍管制官が航空機に伝えるという仕組みになっていた。

松本は米軍が流した「海上墜落情報」が指示のミスの偽装工作であり、「占領中のアメリカ軍のこのやり方は、小さいながら一つの謀略である」と書いている。

■二大疑獄事件

昭和二十三年、芦田内閣総辞職に発展した昭電疑獄、昭和二十九年に発覚し、自由党の佐藤栄作、池田勇人が逮捕直前まで迫られた造船疑獄の二つを比較しながら謀略と陰謀の本質に迫ったのがこの作品である。

昭電疑獄は背景にＧ２とＧＳの対立があり、Ｇ２が芦田政権（ＧＳ側）、日本の復興資金を操っていたＥＳＳ（経済科学局）、ＧＳを標的にしたものだったのに対し、講和発効後の造船疑獄はある金融事件に端を発して偶発的に政界に波及し、法務大臣の指揮権発動で真相が闇に葬られたというものだった。

松本は両事件の過程を詳細に追い、「（汚職事件）の総ては何らかの形による謀略と陰謀の汚職と断じて間違いないであろう。決定的なのは、そのたびに莫大な国民の金が掠め取られていることである」と怒りをあらわにする。

白鳥事件

昭和二十七年一月、札幌市の路上で札幌中央署の白鳥一雄警部が帰宅途中に何者かに狙撃され、即死する事件が発生した。警備課長というポストにあった白鳥警部は多数の共産党員を検挙し、彼らに恨みをかっていたことから、共産党犯行説が有力視された。事件から四ヵ月後、同党札幌地区委員長村上国治らが逮捕されたが、実行役と思われた佐藤博は逃亡した。しかし松本は殺害の物的証拠がないこと、銃弾発見の不自然さなどから、共産党犯行説に疑問を呈する。

あくまで推理としながらも、松本はスパイ〝Ｍ〟のケースと似た謀略の可能性があると見る。つまり、共産党内部に入りこんだスパイが暴力的な犯行をあえてすることによって、党の失墜を謀ったというのである。「日共の地下組織がそのような犯罪をやってもおかしくないという雰囲気は作られていた」と、この事件の背景を読み解いていく。

■ラストヴォロフ事件

昭和二十九年一月二十七日、駐日ソ連元代表部員が警視庁に出頭し、同代表部員ラストヴォロフ二等書記官が行方不明になったので、行方を調査してほしいと申し入れてきた。半年間彼の行方はわからずじまいであったが、人の記憶が薄れかけた八月十四日、彼が半年前にアメリカに亡命していたことが日米同時に発表された。

その後、ラストヴォロフに国家機密を漏らしたとして、外務省職員三人が逮捕され、その一人は取り調べ中に自殺した。松本は、吉田茂政府がこの時期に事件を公表したのは、ソ連との講和を求める鳩山一郎ら親ソ派への牽制のためだったと見る。

松本は、「われわれの平和な日常生活が、いつ、どんなときにどのような謀略の利用に破壊されるか分らない」とし、米ソの諜報戦争に日本人が巻き込まれる恐ろしさを説く。

■革命を売る男・伊藤律

日本共産党中央委員の伊藤律は昭和三十年七月の六全協（第六回全国協議会）で除名された。党の発表によると、昭和十四年に検挙された時に北林トモを当局に売り渡し、そのためにゾルゲ事件が暴露されたという罪状で、彼は警視庁に対し進歩的な人々の情報を報告していたとしている。伊藤は前後を通じて、百五十数名の革命的進歩分子を敵の手に売り渡した。戦後、彼は党中央に潜入し、内部から党を攪乱し、破壊する工作を一貫して行ったという。

しかし、松本は各種の状況証拠から、伊藤は学生時代からすでに当局に取り込まれ、尾崎秀実の監視役を務めた二重スパイだったのではないかと推理し、伊藤が「出世欲や嫉妬心が強く、従って権力に媚びる小心なインテリであって、その末路はその型の人間の見本である」と徹底的に批判している。

征服者とダイヤモンド

戦時中、国民から接収した貴金属が戦後、どこに流れ、どのように運用されたのか。資金面から謀略の本質に迫ったのがこの作品である。

昭和二十年九月末、ESS（経済科学局）のクレーマー大佐が武装兵士を伴い、日本銀行本店に監察の名目で現れた。大佐のねらいはその地下金庫に眠る接収ダイヤだった。執筆当時、日銀本店の地下金庫には莫大な量のダイヤが眠っているとされたが、そこには十六万カラットしかないと算定された。松本は各種資料や証言を用いながら、消えたダイヤの行方を推理していく。

彼は、「その半分はアメリカ軍に押収のかたちで略奪され、残りの大半も日本の政治面に隠匿された疑いが濃い」とし、「大部分は何々資産という名において現在の謀略の資金となり、これがヤミ市場の顔役とつながっていることはほぼ解明できた」と書く。

帝銀事件の謎

昭和二十三年一月二十六日、帝国銀行椎名町支店に厚生省技官を名乗る男が現れ、支店員に赤痢予防薬と称して青酸化合物らしき液体を飲ませ、十二人を毒殺、現金と小切手を強奪したというのが帝銀事件のあらましである。警視庁は旧陸軍の特殊研究所や医学衛生関係者を中心に捜査をすすめたが、七ヵ月後に画家平沢貞通を逮捕する。松本は捜査方針が途中から変わったことに注目し、旧陸軍関係者を密かに雇用して生物化学兵器の研究にあたらせていたGHQが、秘密の暴露を恐れて捜査を誘導したのではないかと推理する。

松本はこの事件が二つの重要な示唆を与えたとしてこう書く。

「一つは、われわれの個人生活が、いつ、どんな機会に『犯人』に仕立て上げられるか知れないという条件の中に棲息している不安であり、一つは、この事件に使われた未だに正体不明のその毒物が、今度の新安保による危惧の中にも生きているということである」

鹿地亘事件

昭和二十六年十一月二十五日、プロレタリア作家の鹿地亘が藤沢市内の路上でCICの下部組織キャノン機関によって拉致された。約一年間、彼は軟禁状態にされ、キャノン中佐からソ連のスパイではないかと執拗な尋問を受け、アメリカ側のスパイになることを要求された。彼は軟禁中に二度自殺を図っている。鹿地の世話役だった男性が不憫に思い、鹿地の家族に連絡をとったことが鹿地釈放の糸口になった。

松本はこの作品の末にこう記している。「鹿地事件ぐらい未だに真相の分らない事件はない。（中略）当局側では真相を匿しているし、また鹿地の側にしても、その全部を云い尽したという感じがしない。あらゆる点で、鹿地事件は、未だに複雑怪奇である。

私はアテ推量ながら以上のことを書いたが、これとてもどこまで真相に迫っているか、自信がない。これが本当の謀略というものの姿であろう」

推理・松川事件

昭和二十四年八月十七日未明、福島駅を定時に発車した東北本線上り旅客列車が、松川・金谷川間で脱線転覆し、乗務員三人が死亡するという事故が発生した。

警察は国鉄の人員整理に対する労組の計画的犯行とみて捜査し、人員整理で解雇された赤間勝美元線路工手を逮捕した。さらに赤間の自供によって、国労福島支部、東芝松川労組員ら二十数人が逮捕、その後起訴された（昭和三十八年に最高裁で全員無罪）。松本は現場に遺された工具の不自然さ、捜査員の現場到着が早すぎることなどから、CICと警察が共産党つぶしをねらってフレームアップしたものと推理し、「松川の破壊工作班は、たとえアメリカ軍関係者であったとしても、軍人を直接に使ったとは思われない。実際の工作員には日本人側の『下請業者』が使われたであろう」と書く。真相は今にいたるも籔の中である。

追放とレッド・パージ

昭和二十一年、GHQによって戦争遂行に重要な役割を果たした人物が公職から追放された。翌年にはその範囲が拡大され、二十三年五月時点で、被追放者は十九万三千余人に達したともいう。

二十四年から社会情勢の変化によって風向きが大きく変わり、二十五年六月のマッカーサー指令で新聞・放送をはじめ各界から共産主義者が一斉に排除されることになる。公職追放はやがて解除されたが、レッド・パージは解除されなかった。

松本は、「占領当初の被追放者は、現在では蘇生し、政界、財界、官界、あらゆる所で、安楽に活動をつづけている。『赤』の烙印を捺された労働者は永久に追放であり、アメリカが占領政策として最初の追放の目標に選んだ『黒い』指導階級は、そんな烙印などとうの昔に消してしまって納まっているのである」と占領政策の欺瞞をつく。

謀略朝鮮戦争

このシリーズの最後に取り上げられた作品である。朝鮮戦争はケタ外れに大きく、必ずしもこの最後に書くべき課題ではないかもしれないとしつつ、『日本の黒い霧』で書いた事件は朝鮮戦争にいたる伏線だったのではないかと松本は見る。

昭和二十五年六月二十五日の開戦をめぐる謎、朝鮮半島を含めた国際情勢、戦争の経過と筆を進め、松本がとらえた戦争の全体像が語られていく。そして、日本が朝鮮戦争で果たした役割にふれる。

米軍機が本土や沖縄のアメリカ空軍基地から出撃し、装備や補給を日本で大量に行っただけでなく、仁川上陸をはじめとして日本人が直接戦争に関わったこと、さらに作戦面で旧日本軍の上級将校が参与していたともいう。また、細菌戦術が行われた可能性が高いとしたうえで、それに関して、旧陸軍の七三一部隊の研究成果が使われたと分析する。

第Ⅱ部

多様なる松本清張の世界へ

保阪正康＋阿刀田高

（司会・山田有策、特別参加・藤井康栄）

代表作を決められない作家

山田　今日は「清張の多様性」というテーマでお集まりいただきました。清張世界の広大さ、深さや、その中に流れている力学やダイナミズムみたいなものに触れていきたいと思っています。

私も以前、講演をした際に、清張世界の見取り図を作りたいと試みたことがありますが、実に幅広い展開をしていて、なかなか簡単に整理することは難しいですね。

今日はまず阿刀田高さんに、おもに文学の畑からお話ししていただければと思っています。全三十六巻にもなる清張さんのベストセレクション（中央公論社）も編まれていますし、清張さんに関する興味も知識・情報も豊かにお持ちなので、それを展開していただきたいと思っています。

保阪正康さんは歴史の、とくに昭和史の研究家です。実証的な研究をなさっている立場から、また、ほかの方と比較などしながら、清張さんの歴史分野についてお聞かせ願えればと思っています。

清張世界はとても広大ですが、文学と歴史、この二つの立場からお話しいただければ、中心的なところは押さえられるのではないでしょうか。

さらに、清張さんを担当編集者として長く支えられた藤井さんにもご参加いただいています。その立場からの具体的な清張像をお話しいただければと思っています。

まず阿刀田さんにお聞きしたいのですが、清張さんとの出会いはどのようなものだったのでしょうか。阿刀田さんも清張さんも、ともに「短編の名手」でいらっしゃいますが、作風はまったく異なりますね。

阿刀田　僕はもともと探偵小説・推理小説が好きでした。戦前「新青年」で紹介されたようなものから読み始め、江戸川乱歩さんの作品も読んでいました。昭和二十年代に、ヴァン・ダイン、エラリー・クイーンと、どんどん紹介される海外のミステリに夢中になった世代です。

清張さんがデビューされた少し後に、僕は大学を出て国立国会図書館に勤めることになるのですが、毎週毎週、新しく清張さんの本が入ってくるんですね。明らかに乱歩さんとも、本格ミステリとも違う世界が展開される。こうして清張さんの小説の面白さに触れたのが、最初の体験でした。

山田　なるほど。

阿刀田　作家になってから改めて読み直したり考え直したりすると、清張さんは短編小説のうまい作家だという気がします。書きあがった作品は違いますが、私と考え方が似ているようにも思うのです。何を手掛かりにして作っていくのかというところで、共通点が多い気がしまして。創作について書かれた「作家の手帖」などを読むことで、短編小説を作っていくプロセスを、ある意味では盗んだのかな。盗むというか、私は清張さんを正しく理解したいという気持ちよりも、実績を辿りながら、探りながら、私にも役立つものがあるのではないかと見ていた気がします。

清張さんの思考の過程を推理して確信が持てるものもありますし、必ずしも確信を持てなくても、私がものを書いていくために役立てたい思いもありました。「清張さんは代表作を決められない作家だ」というのが持論なのですが、本当に徹底的に、ひとつに絞ることはできませんね。

山田　読者であると同時に、実作者として読まれていたのですね。

保阪さんはいかがですか。古代史と現代史とを同じようにはあつかえないところがあるかもしれませんが、清張さんの歴史に対する姿勢をどうお考えでしょうか。

保阪　僕も阿刀田さんと同じような読者体験をしています。暇さえあればというのは変な表現ですが、ほとんど読んでいます。こういう小説を書く人が日本にいただろうかとびっくりし、そして、何より面白い文学だなと。たとえば、ほかの記事よりもまず「黒い画集」が読みたいから「週刊朝日」を買うといったふうでした。「球形の荒野」も、こういう構想で小説を書けるものなのかと、文学的な評価は分かりませんが、面白いなと思いましたね。

作家たちの描く二・二六事件

山田　保阪さんも、まず小説で出会われていたんですね。

保阪　昭和史の分野で言えば、昭和二十八年に立野信之さんが「叛乱」という作品を発表し、直木賞を受賞しています。二・二六事件を描いていて、私は高校生の時に読みました。兵士たちのざっざっと歩く軍靴の音が非常に印象に残るような描写がされている作品なんですが、それまでの文学では、まずこうした題材を扱ってきませんでした。そしてこういう描写の仕方を、歴史のほうの人は一切やりません。

二・二六事件については、その後、有馬頼義さんとか、利根川（裕）さんとか、いろんな作家が書くようになります。歴史を描写したり、主人公に自己を投影したり。ですが、最初に立野さんによってひとつ窓が開かれたというか、昭和史を題材にするというジャンルが拓けていった気がします。だから「叛乱」は、戦後の記録文学のひとつの転換点、出発点ではないかと思うんです。

藤井　立野さんは清張さんの芥川賞と同じ時の直木賞だったんじゃなかったかしら。芥川賞は五味（康祐）さんと清張さんの二人受賞だから、授賞式で三人が並んで写った写真もあったはずです。

保阪　えっ、そうですか。二、三年前後しているかと思っていました。

藤井　面白いでしょう（笑）。

保阪　清張さんの二・二六は、立野さんらの歴史の描き方とはまた違う手法だと思います。資料にあたり、資料の中から人を動かすという形で、僕はこれもまったく新しい世界を作ったと思っています。

少し専門的になりますが、昭和三十年代とか四十年代というのは、岩波の『昭和史』の件もありましたし、唯物史観的な見方が戦後についての史観をリードしていた時期でした。それはそれで非常に正しいと思います。しかしその一方で、三十五年には亀井勝一郎の批判もありましたし、そのあと林房雄の「大東亜戦争肯定論」が出るという時代でもありました。

清張さんはこうした中で、「昭和史発掘」で、「事実で現代史を語る」という作業を最初にしたんですね。これがまったく新しい昭和史の描き方だと思ったのは、つまり、「資料にあたり、ひとりひとりを分析して事件の全体像を描きながら、同時にそこに清張さんの持っている史観を入れていく」という手法だったからです。歴史が形になり、いきいきと伝わってくる作品になる。そういうところに惹かれました。

昭和四十年代に読売新聞が「昭和史の天皇」という企画を長い時間をかけて連載しますが、この仕事を誘い出したと僕は思っています。

でも、昭和史に関する業績は、清張さんの全体で見れば、文学のサブ的というか、補助的なものなのではないかという気もします。歴史の世界では、新しく資料が出れば評価や見方が変わることは当然あるし、変えていかなければならない。また、変えざるを得なくなるものもある。だから、清張さんの現代史の作品自体も、歴史の中での一つの証言、一つの時代を画するものとして考えられるように思います。

異論もあるかもしれませんが、あくまで清張さんは歴史家というよりは作家であり、いくつかあるサブ的な顔のひとつに、歴史家という顔もあったということではないかと思っています。

「作品はその時代のもの」

山田　なるほど。藤井さんにひとつ伺いたいのですが、清張さんの旺盛な好奇心を目の当たりにされていらっしゃったと思うのですが、あのエネルギーというのはどうでしたか。

藤井　最期まで変わらなかったのがすごいですね。八十歳を過ぎても。

覚えているのは、清張さんが亡くなる直前の平成の初め頃は、ちょうどオウム真理教が電信柱に妙な広告を貼っていた時期なんですね。まだどんな教団なのかが明らかになる前でしたが、広告を見て「あれは何だい」「あの人たちは何だい」と。これがまだ具体的にアイデアを煮詰めてはいなかった「神々の乱心」を書く契機になりました。内側にもともと持っているいろんなものが、時代に触発されて、作品になって出てくるわけです。

先生がもっとお元気だったらオウムの事件も最後まで見届けられたでしょうから、どう考えられたか、何をおっしゃったか、私も聞きたかったですね。

周りのことに触発される方ですから、立野さんの「叛乱」も、自分が二・二六事件を書きたかったという思いが授賞式の時にもうあったようですよ。

保阪　そうですか。

藤井　私が異動になって清張担当になりました。一緒に昭和史の仕事をすることになったとき、私はもうあれだけの仕事をほかの方がなさっているので、清張さんが「二・二六を書きたい」と言ったら、どんな資料をどれだけ集めればいいのかととても困ります。それで当初から必死で資料を集める努力をしました。

ですが、あんなにたくさん大作を遺しているのに、ご自分は「私の作品なんか、（私が死んで）三年もすれば消えるから」とおっしゃっていました。

保阪　えっ。

藤井　そうなんですよ。「だけど、あんたと作った資料集（『二・二六事件　研究資料』）だけは絶対に後世に残るからね」とおっしゃっていました。資料は残ると。

この資料集は、それもあってか、作るときに最初清張さんは「資料を集めて来たのはあんただから」と、私の名前を連名で出すことにこだわって。それで連名の装幀も作ったんですが、最後に、私のことを嫌いな出版局長が私の名前だけ削って。私は仕方ないと思いましたが、清張さんは淡々と次の手を練っていて、黙って「あとがき」を書いて、入れるようにとの指示がありました。その後、増刷の頃には局長が替わっていて、再び清張さんから連名にとの指示があって、それで復活しました。

でもね、「作品はその時代のもの。だけど資料は残る」と。保阪さんと同じことをおっしゃっていましたね。

阿刀田　清張さんという人を考えると、ものすごく素晴らしい脳みそを持っていた人というのは間違いないですが、幼い頃からの環境は決して恵まれてはいなかったと思うのですね。暮らしていたのは地方で、いまの時代よりもっと中央とは差もあった。高等小学校を出るあたりから、いろいろ好奇心を持ち、少しずつ知識を得た。次のステップ、次のステップへと上がるたび、考えることが少しずつ広がっていった。

ですが、もしもね、もっとスムーズに大学なりに行って研究室なんかにいたら、なかなか変わることは難しかったのではないかと思うんですよ。誰でも、最初から大きなものを持っていたら、なかなか変われない。ところが、非常に小さいところから出発したから、もっともっと、生涯にわたって広がり続けることができたという気がするんです。

だから、最初の時点での清張さんと、作家になってしばらく経ってからの清張さんとでは、好奇心の広がり方も違うのではないでしょうか。

藤井　そうですね。小倉で、中学に行きたかったのに行けなかった、その環境はすごく悲しいですが、もし中学に行って東大に行っていたら、あんな清張さんは生まれなかったでしょうね。それは大きな意味でマイナスになったかもしれませんね（笑）。

阿刀田　小説を書き始めた最初の頃は、講談に毛が生えたような時代小説でも書いてやっていければいいんじゃないかな、くらいの見当で筆を執っていたと思いますよ。あれほどまでに自分の世界が広がっていくだろうなんて、考えてもいなかったのではないでしょうか。

藤井　作家一本でとは考えていなかったでしょうね。むしろ絵とかデザインのほうには、やる気があったでしょうけれど。

阿刀田　お金にもならなければならない。

藤井　そうですね、懸賞金を狙っての「西郷札」ですからね。

阿刀田　名作なんですけどね。最初は懸賞金がきっかけなんですよね。

大衆が作家を求めた時代

保阪　清張さんは同い年の作家、たとえば大岡昇平さんとか、あのあたりを意識していたというようなことはあるのでしょうか。

藤井　もともと読者としてはよく読んでいたようです。

保阪　同年代の方でも。

藤井　ええ。もっと世代が下がると三島（由紀夫）さんなんかも。

大岡さんの清張批判は、最初は「日本の黒い霧」に対してでしたよね。清張さんも大岡さんからの批判に対しては論争として反論しますが、仕事としては、批判された内容をはっきり意識して「今度は資料を重視して書くぞ」と、「昭和史発掘」にとりかかったのではないでしょうか。

これはこれで、阿刀田さんがおっしゃるように、世界を広げた例のひとつかもしれませんね（笑）。

山田　清張さんが出てこられた時代というのもきわめて重要だったように思います。ちょうど戦後しばらく経って社会が落ち着きつつあり、大衆社会が成立して、拡大した時代ですよね。大衆文化が高度になっていった時代でもある。

読者が大勢増えて、媒体も増え、週刊誌が数多く登場する。当然、書き手が足りなくなる。だから五味（康祐）さんが出て、柴田錬三郎さんが出て、そして清張さんが出て、池波正太郎さんに、司馬遼太郎さんも次々に出てくる、そういう時代でした。

だから時代そのものが、清張さんというすぐれた個性を拡大させていったような感じもします。

保阪　みなさん、明治・大正の生まれですね。

山田　そうですね。さらに、藤井さんのようなすぐれた編集者が清張さんを支えてたくさんの仕事をさせた、そういう恵まれた時代だったんじゃないかと思うんです。

藤井　私は会社の中に、女性の編集者の先輩というのがいないんですね。男の人たちは、女はいずれいなくなると思って相手にしてくれない。そっちで勝手にやっていろという時代が長かった。半藤（一利）さんがデスクで異動して来られた時に、ようやく初めて編集上の上司を得たと思ったくらいです。

だからそれまでは自分で考えて動くしかなく、「昭和史発掘」の連載の前半までずっとそうでした。そして清張さんも乗って書いてくださったのだと思います。

保阪　昔の編集者は、文学がどうのとか歴史がどうのというより、酒を飲んで原稿を書けという時代もありましたよね。人を採ったり育てたりというシステムが完備していく前の時代が。

藤井　私の時は受けたくても新聞社では公募がないところもありましたよ。ですが、たまたま文藝春秋は週刊誌を創刊するというので採用試験を行っていて、女も採っておこうかとなった。私も時代の波に翻弄されていますね（笑）。

阿刀田　時代といえば、推理小説界もちょうど限界が来ていた時期でした。トリックを中心にして名探偵が出てくるというタイプの小説はトリック自体が品薄になっていて、もっとリアルなものを求める空気が生まれていた。そういう時期に、まさにこういう希望に応えうる小説家として清張さんは登場したんですね。

清張さんは最初は、それほど推理小説を書こうとは思っていなかったのではないでしょうか。だけど「謎」に対して興味を持っている人だった。だからいつも「謎」を中軸としたものに自然と筆が向いていったのでしょう。

ただね、清張さんの推理小説って、あえて大胆に言ってしまえば下手なんですよね（笑）。推理小説は欧米で生まれたもので、もともと、独特な、ソフィスティケーションがないとダメなんです。だけど清張さんのはある意味で泥臭いんです。手抜きをしたんじゃないかと思うくらいトリックはものすごくいいものを使うんですが、苦しいものもある。

たとえば「点と線」だと、九州の海岸で死体が二つあるから心中だという展開ですが、推理小説の読み手であれば、まず最初にそこを疑う。東京駅のホームで二人を見たというのも、たしかに面白いけれど、トリックとしては断定できないところもあって非常に苦しい。こういう推理小説にはふさわしくないことが平気でよくある。でも人気が出ちゃったから、推理小説家に入らされちゃったんでしょうね。

藤井　私は何度もぼやきを聞きました。「また長編推理の依頼だよ」って。各社とも、やっぱり売りたいから皆「長編推理を」となる。

阿刀田　名作と言われている「砂の器」もね、映画はいいんですけど、小説はね（笑）。

保阪　「球形の荒野」はどうですか。

阿刀田　あれはまだいいほうですね。

山田　「ゼロの焦点」は？

阿刀田　「ゼロの焦点」はいいんじゃないでしょうか。あの時代を見事に反映してもいますしね。

好奇心が強くて自分の眼で見る人

保阪　僕は推理小説は、最初、江戸川乱歩のトリックもののようなものを読んでいて、それから土屋隆夫さんのものを好んでいましたね。

山田　地方にずっとお住まいだった方ですね。

保阪　ええ、長野県でしたね。土屋さんは面白かったな。そのあとに清張さんを読んでいましたね。

阿刀田　推理小説は面白いものなんですよ。土屋さんは「推理小説をひとつ書くのは純文学の作品を書くのより難しい」とおっしゃっていました。トリックを作るのには整合性が必要で、書くことの難しさとは別の条件も山ほどあるということです。

土屋さんはああして良い作品を書き続けられましたが、一方で社会全体には、清張さんのように社会の現実を語ってくれる作品を求める風土があったんでしょうね。

山田　時代が清張さんをつくり、清張さんが時代を切り拓いたということでしょうか。

もし昭和十年代に出ていたら、果たして清張さんは清張たりえたか、疑問に思います。昭和三十年代に本格的に登場したことは、彼にとって非常に幸運だったと思います。

藤井　もとが苦労人だからか、出版社の言うことも排除しないんですよね。私に「また長編推理……」とぼやいてもしょうがないんだけど、出版社の要求は商売として、ある程度のところで納得して書く。柔軟といえば柔軟なのでしょう。

阿刀田　映像化にも干渉しなかったといいますね。映画は映画、テレビはテレビだと。俺の文学とは一線を画すものだと。極端に言えば、犯人が変わっても構わないという。

藤井　清張さんの作品は最後に突き放して終わるものも多いですからね。試写会に一緒にと誘われたようなときに見ていたら、全然淡々としていましたね。

阿刀田　別のものだという感じなんでしょうね。

保阪　清張さんはトリックのヒントなどは、どこから得ていたんでしょうか。たとえばどこか地方の話とか、植物の話などとか。着想がユニークですが……。

藤井　誰かと話したことがヒントになってというようなことはあるようです。「自分がいつも情報提供をしていた、ネタ元だ」ということを言う人もいますが、そんなことはなかったと思います。いつも好奇心が強くて自分の眼で見る人ですから。

阿刀田　何かが、ふとヒントになるんですね。まさにそういう感覚を私自身も持っているので、よく分かります。だからメモもよく取ります。

清張さんが、人気《ひとけ》の少ない小道に「書道を教えます」という看板を見て「こんなところに書道教室があるってどうなんだろう」と思い、そこからアイデアを得る、そのプロセスがよく分かるんですよ（「書道教授」）。

「あれ、ちょっと妙だな変だな」ということに敏感なんです。そこから、ある意味、勝手な妄想を膨らませて、「こんなところで人を集めて書を教えるなんて、こっそり人を集める理由が何かほかにあるんじゃないか」と考えるんです。

だから、人が持ってきた情報ではダメなんです。生活の中で、これは何だろうと常にアンテナを張っているのがいいんです（笑）。電信柱の貼り紙の話から作品を創る、そういう、ちょっとしたものを見て大きく広げて作品にする、これは小説家に一番向いている才能です。歴史の分野ではまた違うのかもしれませんが。

山田　なるほど。

藤井　私は何度もからかわれましたね。道で「さっき面白いものがあったろう」と。こっちはぽかんとしちゃう。何も気が付かない。でも、ご本人は、きょろきょろ見ている感じはまったくないのに、ちゃんと見ている。そしてそれがいつの間にか小説の中に出てくるんですね。

阿刀田　思い浮かぶようですね。「えっ？」って言われるのがうれしいんですよ。そのときはね、藤井さん、「はい、気が付きました」なんて言っちゃダメなの。驚かないと（笑）。

フィクションの受容

山田　アンテナと言えば、清張さんの関心は、いつも外側に外側にと向けられていますね。どうして内側には向けられなかったのでしょうか。僕は私小説めいた作品も割と好きで、「骨壺の風景」なんかも、非常にいい作品で大好きなんです。

藤井　経験を種にするほうが好きなんでしょうね。

山田　「半生の記」はどうですか？

藤井　「半生の記」も、書くんじゃなかったと言っていましたね。書かれた内容がそのまますべて事実だと思われるのは、困ったことだと。

山田　私小説もフィクションなんですけどね。

藤井　山田先生のようなちゃんとした読み手ばかりなら大丈夫なのでしょうけれど。一般的には、区別がつかない人が多い。そしてその話ばかりが誇張されて伝わっていくことがいやだって。

山田　それはたしかに、難しいことですね。

阿刀田さんにお尋ねしたいのですが、阿刀田さんも短詩型文学をなさいますが、清張さんのそういった方向の作品をどう思われますか。

阿刀田　俳句を詠む人は、共通して独特の文章のうまさを、鋭さを持っているような気がします。短歌もそうですが、とくに俳句の人は。非常に短く、何か良いものを持ってくるセンスを感じます。

清張さんの俳句も、いくつか見た限りでは、もっと本気でやったら相当いい句を作られたのではないかと思います。でも、忙しすぎて時間がちょっとなかったのかもしれないですね。だって「菊枕」も、あの時点においてあれだけ書けているということは、もともと俳句にも関心があったんだと思います。杉田久女に関心を持つこと自体は、清張さんの仕事全体を見ると納得がいきます。でも「菊枕」を執筆したのはまだごく初期、「或る『小倉日記』伝」のすぐ次ですよ。あの時期に題材をあそこに求めたということは、やっぱりもともと俳句に並々ならぬ関心があったんだと思います。

藤井　俳句は好きだったと思います。もっと後の話になりますが、私事ですが、下の妹（大木あまり）が俳句をやっているんです。そうしたら清張さんがある日突然「（妹の作品を）読ませろ」と言うんです。何かと思ったら、角川源義さんから聞いておられて。

山田　なるほど。

阿刀田　そのくらい関心があったんですね。「菊枕」は傑作です。モデル問題が起きたとも聞きますが、でも、だからこそあの時期に書きたい作品だったんですね。

歴史に向かう好奇心

阿刀田　私は「日本の黒い霧」は非常に感動して読んだんですね。ああいう分野は、後から新しい資料が出てきて「部分的に違う」ということはいくらでもあるのでしょうけど、大筋においてはどうなのでしょうか。

保阪　正しいと思いますね。占領期の構造はああいうことだったのだということです。

阿刀田　こうして啓蒙したということだけでも、すごいことですよね。

保阪　書きづらいし書けない、資料も乏しいのに。すごいですよね。

ある時代がものを書く人たちに作品を要求するような、時代的要求ってあると思うんですね。たとえば現在なら、たとえるのもいやだけど、素人的な歴史修正主義者的な作品がこうも供給されているような。

清張さんで考えると、あの頃「昭和二十年代からのある種の歴史をきちんと知りたい」、あるいは「現実に即した話を読みたい」という欲求が、大衆社会の中にあったのではないかと思うんです。供給側、つまり書き手の側に求めていた。清張さんはそれに応えたのではないでしょうか。

藤井　阿刀田さんと私は同学年ですが、墨塗り教科書の世代なんですよね。

阿刀田　そうですね。ある日歴史がひっくりかえった。

藤井　「嘘の歴史を習っていた」という思いがずっとあるんです。だから、本当のことを知りたい。

保阪　素朴な「知りたい」という思いに応えてくれたんですね。

阿刀田　古代史もね、東大と京大で先生が分かれるとどうして学説まであんなにきれいに分かれるのかと不思議でしたけど（笑）、そこにも清張さんはメスを入れてね。一般の人の関心も呼んで、ブームも作りましたよね。「古代史とはどういうものなのか、不思議だな」とご自身がもともと思っていらっしゃったのでしょうね。

山田　古代史に向かう好奇心と、昭和史や戦後史に向かう好奇心というのは。

保阪　重なると思います。

古代史は、学閥や論壇の中にある権威とか、いろいろ嚙み合って硬直化した状況の中に、フリーハンドで入っていった。昭和史は、さっき言ったような立野さんのような方向や資料だけの方向との中間で、人を納得させていって新しい立ち位置を作った。少し違いはありますが、それまで生きてきてクエスチョンマークを持っているものについて、とにかく少しでも明らかにしておきたいという素朴な欲求があったのではないでしょうか。

藤井　近現代史の学者が書くものは、ほとんどが、公的資料とか、残っている資料に頼る。自分たちで探して見つけて書くわけではないですから、そういう人の論文をいくら読んでも、なんだか歯がゆいわけですよ。現実のことが知りたいのにって。

だから深入りしすぎて、危ないこともあったんですけどね。

保阪　やっぱりそうですか。右翼の脅しとかですか。
藤井　はい。会社にも押しかけてきたし、自宅に脅迫状が来たり。
山田　それはいつ頃でしょうか。
藤井　「日本の黒い霧」の頃もあったようですが、「昭和史発掘」でも変な連中が。
　私も呼び出されましたし、自宅まで尾《つ》けられたこともあるんですよ。でもね、右翼にも清張ファンがいるのか「何月何日は自宅から出ないよう先生にご連絡ください」という内報もあったり。いろんなことがありましたね。
保阪　昭和三十、四十年代はあったでしょうね。嶋中事件のようなものもあったし、暴力が近接して圧力をかけるという時代だったのでしょうね。
山田　大江（健三郎）さんの「政治少年死す」の件もありましたしね。
藤井　大江さんの時には、会社で私も担当者と二人で脅されましたよ（笑）。
保阪　清張先生は平気だったのでしょうか。
藤井　ぜんぜん平気。大丈夫ですかと聞いても「その時はその時」と、肝が据わっていました。戦争体験があるからかしらとも思いましたが、同じような体験をしていてもそうではない人もあるし、もともと清張さんがそういう人なんでしょうね。
山田　今はそういう脅迫などは。
保阪　ほとんどないですね。先日半藤さんと「脅される？」という話をしたんですが。いまはネット右翼というのがありますからね、ネットとか、そちらのほうに行くんでしょうか。時代が変化しているんでしょうね。

理性の判断と感性の判断

山田　おもに保阪さんにお聞きしたいのですが、よく比較される、司馬さんの史観と清張さんの史観については、いかがでしょうか。

保阪　司馬さんの史観というのは、ちょっといやな言い方をしてしまいますが、ある種啓蒙的というか、こちらを動かそうとするところがあると思うんです。歴史そのものも、全部司馬さんの考えで解釈をつけていく。これはね、僕はフェアじゃないと思うんです。だから司馬さんの本も読んではいますが、途中から腹が立ってきてしまうんですね（笑）。

だけど、清張さんはそうではない。啓蒙というよりも、考えさせる。

たとえば二・二六も、よく読んでいくと、決して青年将校を悪しざまに罵倒はしていませんし、人間描写の中に好き嫌いも出ている。青年将校たちは清張さんより年齢が上の人もいたけれど、同じくらいの人もいて、どこかで、共感とまでは言わないけれど、「彼らも大きな何かに動かされたのだ」というようなものが感じられる。

そう読めたときに、事件そのものについてもですが、松本清張自身が青年将校たちに仮託して何かを言おうとしているんだと感じますよね。青年将校たちに、同情とか共振とは言わないけれど、なにか感情がある。それがよく分かる。
　そして、逆に言えば、彼らを動かした、「上」に対する批判というものもよく分かる。
藤井　そうですね。同世代の将校などは、つい自分と較べて、やっぱり考えてしまうのかもしれません。
保阪　資料を集めてきた時の清張さんというのは、どう読まれるんですか。全部読まれるんですよね。
藤井　もうね、つかみ方が早すぎて、怖いくらいなんです。何日もかけて手に入れてきたノートをお渡しすると、私はもちろん事前に丁寧に読んでいるんですが、先生はパラパラッと見てすぐ「ここだな」って。それがまた、毎回外れないんです。
保阪　本質をすぐつかんでしまう。
藤井　ええ。日記帳でも、一番大事なところをすぐに。そのやりとりの面白さもありましたね。
保阪　それはどうして身についたのでしょうか。やっぱりある種の感性というものはあるのでしょうけれど。大枠をとらえているからかな、「人はどう動くのか」ということについても。
山田　研ぎ澄まされているんでしょうね。
阿刀田　もちろん清張さんは大変知的な、知性の人ではあるのですが、それ以上に、自分の感情とか感性を持っているということもあるのでしょうね。なんだかんだ言っても自分の持っている感情や感性を非常に強く信じている人が、小説家は割に多い気がしますが、清張さんもそうだったような気がします。
　これは私の感想ですが、あの時代の非常にクリティカルなものを持っていた人である割には、清張さんは戦争というものに対してあまり批判的ではない。それは、自分が軍隊に行ったときに、あまりいやな思いをしなかったことがあるのではないでしょうか。それまでエリートが威張る会社にいたんだけれど、軍隊は逆にそうではなかったから。

保阪　ある種平等な世界だと。

阿刀田　下のほうで平等だ、というんですね。
　たとえば「絢爛たる流離」のような、朝鮮での事情を書いたようなものを読んでも、清張さんが軍隊に少なくとも恨みを持ってはいないのだということが分かります。これは、あの方の、理性ではなく感性なんですね。あれだけ時代に対して批判的だった人なのに、戦争や軍隊に対して鋭いものがあってもいいのに、ほとんどないんですよね。逆に軍隊にいたときはちょっと自由だったほどですから。

藤井　そう思います。

保阪　衛生兵は普通たくさんのひどい戦死者を見るわけですが、清張さんはそれもないんですよね。

阿刀田　戦死者のないところでしたからね。
　だからね、自分の感情を信じ、感性を磨いていたのではないかと。それで資料にもほとんど動物的だったのではないでしょうか、「このへんだ！」と。

保阪　そうですね。僕らはどうしても二・二六事件なんてなると、軍を批判したい眼で見てしまいますが、清張さんの「昭和史」を読んでもそんな感じはしないんですね。描かれている、参加した兵士ひとりひとりとか下士官については、批判のようなものを超えて出会っているような気がします。そういうふうに書かれているんですよね。

藤井　「自分と歳の近いこの下士官にも、普通の家庭があったろう」と思ってしまったら、「それなのに突入してしまうのは、どうしてだったんだろう」と、考えてしまうのかもしれません。将校の家庭は私も取材しましたが、やっぱり未亡人たちは独りで苦労して子供を育てていて、そうしたことも入れてデータをお渡ししていますから、人間的な関心は当然あったでしょうね。決して、あんな事件を起こしたダメな過激派というふうにはならない。

保阪　そういうところが読み始めた最初は少し不満だったりもしたんですが、逆に、一度そういうう予断のない見方をしなければならないのだと教えられました。

清張と仕事をした形見のような資料

保阪　「日本の黒い霧」や「昭和史発掘」のテーマは、清張先生と藤井さんと一緒に選んでいかれたのですか？

藤井　「黒い霧」は私は全然触っていないんです。あの頃はまだ別の部署にいて、その後「週刊文春」に異動して清張担当になりました。
「昭和史」の前半の頃の編集長は「ひとつずつの章が短いほうが、俺だって読める」って言うような人でした。そのうち編集長が交代して「好きなだけやれ」って言ってくれたから、後半の「二・二六」はあんなに長くなってしまったのです。

阿刀田　私なんかは「黒い霧」を一章ずつ読んだあとだったから、「昭和史」もその都度お話が変わるのかと思っていましたが、あれはもう「二・二六事件発掘」ですよね（笑）。

藤井　内輪の事情なのですが（笑）。

阿刀田　この頃は世間で「編集者無用論」みたいなものまではびこっているようですが、編集者が大切な存在だということを声に出して言いたいですよ（笑）。

自分がどれだけいいと思って書いても、やっぱりそれなりの経験を持った人が読んで、世に出す価値があると判断して本を作っていくという作業があったから、日本の出版業がちゃんと質を保ってこれたんだと思います。「俺はこう思っている、だからとにかく出せばいいんだ」というのでは、出版は無茶苦茶に崩れてしまう。ある程度の眼のある人が目利きをやって、ここを修正すれば良いとか、そういう個性が出版物を作っているんですよ。

藤井　編集の価値なんて認めなくて、印刷所が優秀なんだって思う人もいますよ（笑）。

阿刀田　編集者の中には「そんなに言うなら、いっそあなたが書いたらいいのに」と言いたくなるくらいの人もいますが（笑）。独特の黒子趣味があるんでしょうね。猛烈な情熱を持っていても。

藤井　「書き手にいい仕事をさせたい」と思ってしまうのです。

保阪　そういう思いで資料も探されたんですね。

藤井　連載が始まる前の時点で「もう二・二六に関してはめぼしい資料は出尽くした」と言われていました。だけど清張さんの仕事だし、相当本気でかからねばと思って。最初からかなり意識して集めていきました。「昭和史発掘」よりあとに世に出た資料も、実はだいたい調査の時に私も知っていました。

会津の渋川善助の未亡人は、「お待ちしています」とお返事をくださって。奥様がお持ちだった、形見のようなものを入れた箱を見せていただきました。ほかの未亡人も訪ねましたが、青年将校の未亡人は資料はなかなかなかったですね。渋川はちょっと特別な存在ですしね、動きも特別ですし。

保阪　二・二六は、何年か前に山本又の資料が出ました。

藤井　そうでしたね。

保阪　あれもね、本になるとき頼まれて解説を書いたんですが、あの人自身は面白いけど、日記に内容は何もないんですよ。ただ、蹶起趣意書は書き直されているということと、磯部がどうこうということを書いている程度で。それも山本自身が目撃したんじゃなく伝聞でした。

あのとき、もう今後は新しい資料は出ないんだなと思いました。

藤井　蹶起趣意書も本当は少し文章が違うのがあって。当時、警視庁が上の人に渡すために何枚も書き直して複写するうちに、何か所か間違えているからなんですね。

保阪　写しですね。

藤井　ええ。ですが、この警視庁版をもとにしてしまった資料集もあるんです。

青年将校たちが蹶起趣意書を撒いたときに近くにいた憲兵隊の分隊長みたいな人が、一部保管なさっていたんですね。私がこの方を取材した時に「持って死んでも仕方がないから」と言って、くださったのです。これは写し間違いのない、貴重な本物でした。清張さんと仕事をした形見のような資料なのですが、いまは記念館の展示室で誰でも見られるようにしています。

保阪　歴代首相を見つめた「史観・宰相論」も藤井さんのお仕事ですか。

藤井　私ではないです（笑）。あれもね、当時の担当者がもうちょっと丁寧に見てあげたらよかったと思うのですが。他社の仕事ですが「北一輝論」も、もう少しどうにかしてあげたかったですね。

山田　北一輝については戯曲（「日本改造法案」）もありますね。

藤井　何でもできてしまうから、戯曲も書いてしまうのでしょうね。

事実と真実の違い

阿刀田　「昭和史」のような現代史のもので、資料があるぞっていう分野のものは、作品に最初から力がありますよね。

二・二六事件にしても、丹念に日記を書いていた人もいるし、全然書かない人物もいるわけで。でも、書いていない人についても、その心に分け入っていかないとダメな部分もあるはずですよね。

保阪　僕はなるべく証言でできるだけ近づこうというやり方です。でも、証言者の位置によって違うんですよね。

僕は本人をコアにして、第一次円、第二次円とこう、同心円状に置いていくんです。ですが、肉親の証言がいかにも公的なものを代弁しているかのように、ずるいやり方をする人がいるんですね。

阿刀田　肉親が一番怪しいんじゃないですか（笑）。

保阪　そうなんです。そういうずるさが、松本先生の本にはないんです。きちんと位置づけがはっきりしている。

証言は本来、証言者がどういう位置づけかということがきちんとしていないといけない。だけど、ずるい人、最近は右派的な人に多いですが、混ぜ合わせちゃうんですね。

阿刀田　自分のほうに寄せてるんですか。

保阪　そうなんですよ。たとえばね、東條英機の奥さんが「主人は部下をかわいがって、いい人でした」と言ったとします。そりゃね、奥さんはそう言いますよ（笑）。

だけど、ずるい人はそれを巧みに公的な判断にすり替えてしまう。姑息な手を使うんです。だけどそれでは、歴史ではなく政治論の本になってしまいますよね。

清張さんは政治のほうに行くということをしない。『黒い霧』の一部は行っていますが、それは政治に寄せないと解決しない論だから。だけど『昭和史』では政治では述べていない。

阿刀田　保阪さんの昨夏の講演録を拝読しましたが、「事実と真実の違い」ということをおっしゃっていましたね。事実は事実であり、その後ろにある真実は書き手が正しく判断しなければならないということですね。

保阪　『黒い霧』は、当時は仕方ないのかもしれないのですが、まだ事実の掌握の仕方が少し清張さんのほうに引き寄せているかなと思うところもあります。もちろん、事実もあるなと判断できるところもありますし、もう、仕方がないのですが。

阿刀田　国立国会図書館に入るとすぐ、「真理がわれらを自由にする」という言葉が刻まれています。私が勤めていた頃に、トイレの落書きに「真実を知ったって自由にはなれない」と書いてあったことがありましてね。見たときに「こいつ、〝真実〟と〝真理〟を履き違えているな」と思って、「勘違いしちゃダメだ」と落書きのそばに書きたくなった。もちろん書くわけにはいかないので黙って見ていたんですが、そんなことを思い出しました（笑）。事実と真実も違うものですよね（笑）。

構成力、集中力

保阪　僕は文学は分からないのですが、清張先生の作品は、いくつかのパターンで分けられる気がするんです。年代で、テーマとか登場人物が分かれているような。一概にはくくれないのでしょうけれど。

阿刀田　さっき申し上げたように、明らかに成長する作家だからですよね。

最初の頃は、本当に質はいいのですが、講談的な作品が多くて、現代小説はほとんどない。「西郷札」だって、あれも一種の時代小説です。

「或る『小倉日記』伝」について申しますと、あれは本当に完璧な小説です。芥川賞になったのは、選考委員が即座に作品の良さを認めたから。芥川賞の選考委員たちは、あの作品のモデルのことを知らない、つまり、どこが本当のことで、どこからが作り物だということを知らない。主人公の年齢もモデルと違っていて清張さん自身と一緒にしてあるし、亡くなるところも状況も全部違う。でもそういうことを全部含めて、短編小説として非常によくできている。

あの誕生年にしなければ、失恋のくだりだとか、母親との関係とか、そういうことが成立しない。母親が実際に美人だったかどうかという点もはっきりしないけれど、美人でないとあの小説はダメなんですよ（笑）。美人が再婚の話も一切断って息子のために頑張ったのに……という伏線に、全部が活きている。障害の度合いも実際はもっと軽かったようですが、その辺も皆入念に計算されている。
たしかに他の作品も含めて短編の名手ですが、これほど精度の高い作品はないですよ。腕が上がったというよりも、デビューを目指して心構えが違うと言ったほうがいいのかもしれません。「西郷札」も温めていたテーマだったのでしょうが、やっぱり「或る『小倉日記』伝」は自信があったでしょうね。満を持してといいますか。まだあの初期の頃に、よくこんなものを書けたと思うほど、いろんなテクニックを駆使してうまく作られている。

藤井　モデルは、自分も関わっていた小倉郷土会の方ですしね。

山田　自己投影もあったんでしょうね。

阿刀田　NHKの企画で、「或る『小倉日記』伝」に出てくる現場を訪ねたことがあります。いまいる方たちはお子さんの世代だから仕方がないのかもしれませんが、田上耕作が来たということは誰も知らないけれど、清張さんが来たということは皆聞いて知っているんですね（笑）。作品の中では耕作が訪ねたことになっている場所も、実際は清張さんが尋ねていたのだろうと思います。もし耕作も訪ねていたとしても、あれほど熱心だったかどうか。それはむしろ清張さんのほうでしょう。

山田　長編はどうでしょう。

阿刀田　長編はね（笑）、途中でばたっとするものもだいぶありますよね。たくさん書きすぎて、用意が足りないものもあったのではないでしょうか。

だいたい、半分書いたところで次に行きたくなる人でしょう（笑）。

藤井　最後は端折《はしょ》っちゃう。

阿刀田　「砂の器」もね、前半はいいんですよ。いいトリックもある。だけど、あれは新聞小説でしたよね。

藤井　そうです。

阿刀田　最初に「一年間」として頼まれて連載を始めて、でも一年のスパンがまだ分からなかったのではないでしょうか。だから最初のほうでいいトリックも使い果たしてしまった（笑）。推理小説家が一番よくやる手で、大事な人がそこで死ぬとしばらくまた書けるんですが（笑）。書けるんですが、あまりやってはダメだし、露骨にやってはいけない手なんです。「砂の器」では二回くらい使われています。

映画では犯人がずっと単純化されているし、小説のいいところだけ拾われていますね。「砂の器」が好きという人は映画のほうですよね。

藤井　新聞社では連載中も学芸部の記者も誰もフォローしない場合が多いですよね。最初に挨拶に行って、あとはお使いさんが行くという。だから誰とも相談ができない。

「砂の器」にも、もう少し編集者みたいな人がいたらと思います。

保阪　ただバイク便が原稿を取りに来るだけ、みたいなのはね。

藤井　新聞連載といっても「火の路」は清張さんが古代史が好きだったからか、もう少し雰囲気が違いますね。

阿刀田　あれは日本だけではなく世界の古代史もあって、清張さんらしい入念な作品ですね。海外のものはそういう作品が多いですね。

藤井　自分がヨーロッパに憧れても若い頃は行けなかったじゃないですか。だから若い時に小説を読んだことまで一気に思い出すようでした。

山田　初めて海外へ行くのは意外に遅いんですよね。

藤井　解禁されたのが五十五歳の時ですから。一ドル三六〇円の時代でしたが、それから毎年のように行っていますね。

阿刀田　清張さんはデビュー自体が四十代ですし、海外旅行は五十代も半ばになってからなんですね、戦時中の朝鮮は別としまして。この遅いことと、好奇心自体が広がっていくこととは、関係がありそうですね。

佐分利公使をめぐって

保阪　「昭和史発掘」に佐分利貞男の話（「佐分利公使の怪死」）がありますよね。あれは、外交官に興味を持っていたからなのでしょうか。

藤井　外交官にも興味はあるのですが、あれは私のほうで決めたテーマのひとつですね。清張さんも「背景もあるようだし、よしそれでいこう、書いてみよう」と、すっと決まりました。取材してくれということで、私は佐分利さんが死んだホテルの部屋にも泊まりました。

保阪　あの、ピストルがあったという。

藤井　ええ。「あの窓の高さなら、あそこから入って来られるわ」なんて思ったら眠れなくなりましたけどね（笑）。

でも、この取材のときには、最後に佐分利さんと会ったという方に話を聞くことができましてね、「彼は手に風呂敷包みを持っていて、途中まで一緒に歩いた」という証言を得ることができました。

保阪　「昭和天皇実録」に、晩年、「佐分利はあのとき外務省の肩書は何だったのか」と侍従に聞いているところが出てくるんですよ。なんの脈絡もなく。昭和天皇の中で、何か佐分利について知りたかったことがあるんでしょうね。

藤井　そうですか。そうでしょうね。

保阪　あれは軍が殺したとお思いですか？

藤井　軍の「佐分利を消したい」という気持ちを忖度した右翼が付け狙って……、ということでしょうか。

だから、私が夜に尾けられたのも、きっと佐分利のせいですよ（笑）。この連載の頃、まだ当事者たちが元気だったのでしょう。

保阪　消されなくてよかった（笑）。僕も昭和史の調査や取材をしていると、知らないうちに調べられていたことがありました。アポイントを取って、会いに行くまでの一週間くらいのあいだに。今はまた違うのでしょうが、戦前の組織がいまも社会の裏側で跋扈していると感じて、怖いなと思いましたね。藤井さんもそういう一味に調べられたのでしょうか。

山田 そういうことは、いつ頃まで続いたのですか？

保阪 これは、言っていいのかな、瀬島（龍三）と東條（英機）のことを調べたり書いたりした、昭和五十年代から六十年代初めですね。

東條の時は、誰も知りあいがいないから、一人一人に手紙を出して取材したいと申し込みまして、いいよと返事があるので行くんですが、やっぱり僕のことが調べられている。

一番は僕が共産党かどうかを確認したかったようで、違うと言っても、「何か裏があるのか」「誰から頼まれた」と。知りたいから調べるだけなんだと答えましたが。昭和三十、四十年代の藤井さんは大変だったと思います。

藤井 実はごく最近もあったんですよ。記念館の仕事を始めて九州に行くようになりましたが、あるとき、九州の人から「伝言の伝言の伝言がある」と。「藤井さんに『俺はまだ生きているぞ』って伝えろ」って言われた、というのですね。私に伝えてくれた当人は何のことだろうって不思議がっていたんですが。「俺は三多摩でまだ元気だぞ」という内容でした。

保阪 三多摩は院外団の中でも一番乱暴だったと聞いたことがあります。

山田 清張さんが聞いたら、小説にしてしまいそうですね（笑）。

阿刀田　今、瀬島の名前がたまたま出ましたが、大陸にいたときのことは、ほとんど活字になっていませんね。

保阪　実はそのことは清張さんが一度だけ、「現代官僚論」の内閣調査室のところで書いています。ソ連はあちこちに強制収容所を設けていますが、モスクワ近辺には特別の収容所がありました。ウルブリヒトやチャウシェスクとか、そういう人たちが教育を受けた場所です。ソ連は、解放したと称するところに彼らを送り込んで、共産党政権を作っていくんですね。

日本人が捕虜になってシベリアの収容所に送られたとき、関東軍の参謀エリート一一人だけはここに送られたと清張さんは書いているんです。ソ連は北海道を占領させてくれとアメリカと交渉してダメになって、そのあと彼らもシベリアに戻されるのですが。これは凄い資料にあたって書いています。僕もかなり探したのですが、いまだに清張さんが何の資料を使ったのかが分からないんですよ。ソ連が崩壊したときにも現地に行って調査したのですが、分かりませんでした。

阿刀田　瀬島もね、死ぬ前に語ってくれていたら。

保阪　言えばいいことも言わないんですよね。言うとそれこそまずいから言わないのか。何も言わないから勘繰られちゃうんだと思うんですが、言わないから分からない。彼も右翼にずいぶん脅されていたと聞きました。

持続し続けた好奇心

山田　そろそろ最後になりますが、清張さんの文学に欠けているものについてお話しくださいませんか。

たとえば、阿刀田さんが持っていらして清張さんにないものとしては、ユーモアとかエスプリなどがあるかと思いますが。

阿刀田　藤井さんはよくご存知と思いますが、本人にユーモアがないわけでは決してないんですよね。

藤井　ええ。

山田　でもそれは、作品の中ににじんでこない。

阿刀田　なぜなのかは、本当に分からないです。

山田　どうしてだとお考えになりますか。

阿刀田　そうですね、「文学はそういうものではない」という意識がどこかにおありになったのかもしれないですね。これほど徹底して〝ない〟というのは、不思議で仕方がありません。どこかに、一つや二つは絶対ありそうなものなのに。あれだけ多彩に人間を描きながら、ニコリとする部分がないというのは非常に不思議です。

山田　ユーモアというのは大切な要素ですよね。

阿刀田　お話を伺うと、気質としてはけっこうお持ちだったようですよね。おどけたところもおありで。

藤井　本人はよく笑う人なんですけどね。

あと、絵にはユーモアはあると思うんです。達磨さんの絵なんかもすごく上手で。

阿刀田　もうひとつは、音楽性もないですよね。

藤井　ユーモアよりももっと、音楽性のほうがないですね。歌も本人が音痴って言っていました。

阿刀田　時代を考えたら、音楽はやっぱり金持ちじゃないとダメなんですよね。流行歌を知っていたとしても、あれは音楽性ではないですし。楽器にしてもレコードにしても、ある程度お金がなければならない。だけど絵はお金がなくってもできますよね。だから、もともと絵の才能があって、それが大いに発揮されたんでしょうね。

でも、ユーモアを織り込んでいなくても、人間の本性を徹底して描き出しているんですよね。これはよく言われることですが、清張さんは推理小説に動機の追及を取り入れました。それ以前の推理小説は、言い方が悪いけれど、動機はどうでもよかった。「憎らしいから殺す」、とかで。だけど清張さんは普通の小説を書きたかった。憎い人や金を持っている人はいくらでもいる、だけどその中で、「なぜとくにこの人を殺さねばならないのか」ということをちゃんと書いた。これがその後の推理小説の読者を飛躍的に増やした、一番大きな理由だと思います。ちゃんと動機があって、その動機を追及することで、社会の暗部や人間の本性をえぐり出す。この動機がなければ、ただ「変な奴がいるな」っていうことで終わってしまう。やっぱりこれが作家として一番大きな特徴でしょう。

保阪　清張さんは晩年、自分の人生をどう思われていたのでしょうか。満足していたのでしょうか。

藤井　うーん、どうでしょうね。

阿刀田　遺書では、みなさんに感謝するということで終わっていますよね。

藤井　奥さんや家族に感謝ということはあったかと思いますが、仕事に関しては、総括までしていたかどうか……。最後に「努力だけはしてきた」と書くところが清張さんらしくて好きですね。

山田　まだ進行形だったのですね。

保阪　なるほど。遺作「神々の乱心」は未完ですし……。

阿刀田　古代史の遺跡だって、どんどん出てきますしね。

藤井　好奇心ってあんなに持続するものなのかという驚きは最後までありましたね。

（あとうだ・たかし、作家）
（やまだ・ゆうさく、東京学芸大学名誉教授）
（ふじい・やすえ、松本清張記念館名誉館長）
（二〇一八年一月六日）

今読む「昭和史発掘」

保阪正康＋加藤陽子

（司会・田中光子、特別参加・藤井康栄）

「昭和史発掘」との出会い

田中　今年（二〇二二年）は松本清張の没後三十年にあたります。節目の年に「松本清張研究」で「昭和史発掘」を特集するのは、現代がまた一つの〈戦前〉を迎えているのではないかという懸念を私たちが抱いてきたからです。

二〇二二年二月二十四日、ロシアによるウクライナ侵攻が始まりました。七月には、ちょうど昨日国葬が行われた、安倍晋三元首相の銃撃事件がありました。選挙期間中に総理大臣経験者が襲撃され、当初は昭和戦前期のテロを彷彿させる事件と捉えられました。

今「昭和史発掘」を読み直すことで、現代の歴史観、私たち自身の史眼を養い直したいと考えております。

松本清張が自らの同時代史に取り組んだ「昭和史発掘」も刊行から半世紀以上が過ぎ、清張以後の若い人たちへ、この作品をどのように手渡していくのか考える時期にも来ております。若い読者に、この作品の面白さ、今読み直す意義を伝えるお話を頂ければと存じます。

ではまず、「昭和史発掘」という作品とどのように出会い、どのような感想をお持ちになったか、保阪さんからお願いします。

保阪　「昭和史発掘」の連載が始まったのは一九六四年です。僕は社会に出たばかりで掲載誌の

「週刊文春」をだいたい毎号読んでいました。

それ以前に松本さんの「日本の黒い霧」（一九六〇年）があり、その後には読売新聞の長期連載「昭和史の天皇」が始まりました（一九六七年）。「昭和史の天皇」は画期的で、真偽とは別のレベルでさまざまな人の証言を記録していったのが、すごく面白かったですね。実証派というか、ジャーナリズムの取材を通して昭和史が生《なま》の声で語られ始めたな、と思いました。

昭和二十年代にも「日本週報」「丸」「眞相」などの雑誌が戦記物を取り上げたけど、明らかな嘘があったりキワモノ的な内容でした。それが、松本清張さんの仕事で整理されていった印象です。

一九五五年、遠山茂樹、今井清一、藤原彰が共著『昭和史』（岩波新書）を刊行します。そのマルクス主義史観を亀井勝一郎が批判して「昭和史論争」が起きました。アカデミズムのそうした動きを一方で眺めながら、まだ雑居状態だった〈人はどうやって生き死んでいったのか〉という視点をジャーナリズムの側から整理し始めたのが松本清張さんでした。その仕事は今にもつながる金字塔だと思います。

加藤　私の場合、「昭和史発掘」の連載時は四歳から十一歳で当然読んでおりませんが、旧版の文庫が出始めたのが一九七八年、高校三年生のときでした。手と手が摑《つか》み合うとても印象的な装丁でした。その手が茨《いばら》だったり、血が流れていたり、しっかり摑まれていたり、片手が溶けていたりして。私の父は一九二三年生まれで戦争に行った世代ですが、その時代を「手」で表現する。

これは、保阪さんがすでに指摘されていますが、「昭和史発掘」の特徴の一つである〈個人と組織〉というテーマが表紙で端的に示されていることに、今思い返せば高校生ながらに惹かれたのだと思います。

当時面白く読んだのは旧版文庫三巻の「佐分利公使の怪死」などです。「石田検事の怪死」もですが、被害者と容疑者と思しき双方の周辺資料が、検察の記録や裁判資料で書かれているのが珍しく、また面白かったのです。

私は、大宮市（さいたま市）から東京の私立の桜蔭学園という学校に通っていましたが、旧版の文庫が毎月図書室に入ってきて、一巻二巻と読み進めました。東大に入って、何をやろうかと考えたときに、「あー、歴史はいいな」と思ったのです。新装版文庫の九巻に収められた解説にも書きましたが、このときの読書体験が自分の専門を導く一つの糸になっています。

印象的なテーマ

保阪　僕は子どもの頃から人の話を聞くこと、年譜を作ることが好きでした。それで、社会人になって出版社で働き始めたとき、年表の一行の項目を一冊の本に書こうと思いました。書くことを探しているとき、「北原二等卒の直訴」の北原泰作に水平社のことを語ってもらおうと思い、手紙を出したら了解してくれた。北原さんの体調不良で叶わず残念でしたが。

加藤　それは、「週刊文春」での連載（一九六五年一月十八日号〜三月一日号）を読まれた後ですか？

保阪　ええ、もともと関心はあったのですが、連載を読んだ後に刺激されて、こういうものを書きたいと思いました。

僕は一九七二年二月に最初の著書『死なう団事件』を出版しました。版元のれんが書房が、松本清張さんから推薦文を頂きたいというけど何のコネもない。結局出版社の社長の友人を介して書いてもらいました。

加藤　清張先生、ご自分の「昭和史発掘」と並べて「この時代は大変重要だ」と。保阪さんについては「新進気鋭の記録者として、今後の活躍が期待できる人だ」とあります。

保阪　出来上がったばかりの見本を持って出版社の社長と清張さんのお宅へお礼に伺いました。

加藤　何か、すごい時代だったのですね。

保阪　もちろん応接室には上げてもらえないから、玄関で挨拶して。「うん、うん。まあ、がんばりな」とか言われて（笑）。

伺う前に調べたら、清張さんは一九〇九年、明治四十二年生まれ。この年には、太宰治、中島敦、埴谷雄高、大岡昇平などいろいろな人が誕生しています。実は、僕の父親も明治四十二年生まれです。

加藤　まあ、ぴったり。

保阪　父を含めこの年に生まれて大学教育を受けた人は昭和七、八年に大学を卒業します。旧制高等学校では大正時代の自由主義教育を受けたインテリ中のインテリです。

加藤　皆さんとてもリベラルですよね。

保阪　松本清張さんはそことは切り離された世界で生きてこられた。庶民の生き方です。

加藤　庶民だけどリベラル。「昭和史発掘」をはじめ、三十年来の担当編集者だった藤井康栄さんをずっと旧姓の「大木さん」と呼ぶなど、今でいう選択的夫婦別姓を自然体で実践されていました。

保阪　松本さんの本は、旧制高校、旧制大学で学んだ知識人たちの文章とはまったく違って、すごく面白かったですね。

三つの未解決事件

加藤　私は「天皇機関説」が印象的です。自分が一九三〇年代の軍事と外交を専門にしていますから、まさに関心の中心にあります。感心するのは、取材者である藤井さんが必死に探しあてた百ページも二百ページもあるような資料から、一番大事なところを摑む清張さんの眼力です。美濃部達吉の「天皇機関説」の回については、その摑む力に驚きあきれました。

美濃部は立派な学者で検事局に呼ばれても、容易には自説を曲げません。しかし、詔勅、とくに教育勅語の解釈について痛いところを衝《つ》かれます。教育勅語には天皇の名前と御璽はありますが、大臣の副署がありません。これには二つの解釈が可能です。一つは天皇の崇高なお言葉だから、というもの。もう一つは、清張さんも「天皇の私的見解」と書いていますが、単に国民の教育はこうあるべきだという天皇の意見だから、というものです。これは明治天皇の意見であり、道徳倫理の言葉であって、国民の内心の自由には立ち入らない、というのが起草者・井上毅の発想です。だからこそ大臣副署がないのです。明治時代にはこれが普通の考え方でした。おかしくなるのが、この天皇機関説事件くらいからでした。

驚きは、尾崎士郎の小説『天皇機関説』を取り上げている部分です。尾崎はドキュメントも書きましたが、これは小説と銘打っておりましたので学者は使ってこなかったのです。私が頭を垂れたのは、藤井さんが取り調べにあたった戸沢重雄主任検事に取材しているところです。戸沢の「美濃部の訊問の経緯は尾崎士郎の『小説《ママ》天皇機関説』にすべて誤りなく出ているから、あれで間違いはない」(「天皇機関説」)という裏を取った上で、その本から引用する。

美濃部は一切の詔勅は批判可能だと断言しますが、しばらくして風教道徳に関するものはこれにあたらないという訂正を加えます。というのも、美濃部は著書『逐条憲法精義』で、詔勅への批判は輔弼《ほひつ》する国務大臣の責任を論議しているのであって、天皇への不敬にはあたらないのだ、と明言しています。しかし、詔勅には政治、経済、軍事のほか風教道徳に関するものも含まれている。風教道徳に関するものは大臣を経由せずに天皇が直接国民を諭すスタイルとなりますね。これに気付いた美濃部はなんとか言い換えようとします。尾崎士郎の「小説」から引用したこの際のやりとりは実に臨場感があります。

極めつけは、家永三郎の「この点については、美濃部の詔勅観に弱点があったのではないか」という指摘も引いてくる。家永を援用しながら清張は美濃部の憲法理論が、詔勅のところでやや弱さを含んでいたことを読み解いています。

これは藤井さんの取材者としての、まさに歴史研究者といってよい、水際だった力が働いた例だと思います。

保阪 なるほど。

加藤 もう一つ。「佐分利公使の怪死」で、「取材者」すなわち藤井さんが、捜査の鍵をにぎる江口治元捜査一課長への取材のために家を訪ねて行って話を聞く場面があります。江口氏は、事件のあった一九二九年当時から、早々に他殺説を打ち切って、自殺と結論した人です。藤井さんが会いに行った時、江口氏は「シナ服」を身につけて、日の暮れた暗い部屋で電灯もつけず話し続け、藤井さんを前に当時の検屍写真を見せていた。つまり藤井さんに無言の圧力をかけていたわけですが、藤井さんと清張さんの最後の会話はこの取材についてだったそうです（『松本清張の残像』）。石田検事、佐分利公使、スパイ〝M〟――「昭和史発掘」におけるこの三つの未解決事件のうち、スパイ〝M〟は最後の短篇集『草の径』の「『隠り人《こもりびと》』日記抄」で捉え直されます。清張さんが、最晩年まで関心を持ち続けていたということからも、真に印象的なテーマだと言えます。

多彩なテーマのラインナップ

保阪　「昭和史発掘」のテーマは、どういうかたちで選ばれたのでしょうか。「佐分利公使の怪死」なんて、なかなか思いつかないですよね。たとえば文学関連の「潤一郎と春夫」だと、中河与一の『探美の夜』などで知られていたと思うけど。

田中　これは『松本清張の残像』で詳述されていますが、連載準備期間に松本清張が初の海外旅行に出かけたこともあり、テーマは藤井自身が設定し、取材を進めました。「ノンフィクションも自分一人で取材してきた作家にとって異例の執筆スタイルだったにもかかわらず、お届けした資料の要所を初読で見抜くなど抜群の適応力を示され、この巨人のすごさをあらためて痛感した」とよく話していました。ただ、文学ダネについては、藤井の取材時間確保と読者の興味に応える心遣いから、自分だけで書けるテーマの申し出が作家よりあったそうです。

保阪　松本さんは一生懸命書く、藤井さんがテーマを持ってくる、ということですね。

加藤　藤井さんはコピー機が普及していない時代に実にさまざまな資料を集めています。東京地検に通って、二・二六事件の記録を筆写したり。その調査の時間を確保するために清張さんが、自分がお得意のところを書きためておくという、いわば分業の妙ですね。

保阪　なるほどね。

「昭和史発掘」を読んでいると、ここをもっと書いてほしかった、というところもあります。たとえば「満洲某重大事件」。僕は、会津出身で張作霖の顧問をしていた町野武馬に興味があるのですが、彼のことはよく分からないだけに松本さんに書いてほしかった。

他にも、芥川龍之介なら、彼の「ぼんやりした不安」は暴力に対する生理的な嫌悪の表れだと思う。彼が自殺する昭和二年頃は、右も左も暴力を予兆させる時代です。芥川の暴力への感覚的恐怖は、彼の文学にも表れていて、そういうところをもっと書いてほしかったですね。

加藤 それはすごいですね、時代の記録者としての保阪さんならではの視点です。

取材、資料収集の苦労

保阪 ときどき、松本さんがもどかしさを感じながら書いている印象があります。藤井さんに、こういう資料がないか、といった注文を出したのではないでしょうか。藤井さんはそれに応えたのでしょうかね。

加藤 清張さんのオーダーに藤井さんが応えられなかった資料があったかどうか、あとでうかがってみましょう。

田中 藤井の取材話を聞いていて、当時の軍人は非常に真面目だったという感想を持ちました。二・二六事件の軍法会議にしても、判士がきちんと控えを自宅に持っていたそうです。

それが、九年後の八月十五日には、軍部や省庁で大事な資料を全部焼いてしまう。今の日本も危うく感じられる。しかし、当時の軍人は職務に忠実で、きちんと資料を残していて、藤井が訪ねてきたときに、ご本人や奥さんが「あなたが使ってくれるのだったら預けます」と。日本人のあり方のようなことを考えさせられます。

保阪　それにしても、藤井さんは資料を持ってくる天才ですね。僕は手紙を出して返事が来たら、やりとりして取材に行くスタイルですが、三国直福さんのときは全然返事が来ないから直接訪ねました。そしたらいきなり怒鳴り出すわけ（笑）。もう初めから終わりまで激高。藤井さんもやっぱり、そういう人にも出会ったと思うけど、どうだろう。

加藤　右翼の大物に呼びつけられた話も書いてらっしゃいましたよね（『松本清張の残像』）。

保阪　そういう時、どうするのか教えて欲しい（笑）。僕はむっとして帰ったけど、なだめたりするのか。

加藤　大木姉妹は、正論勝負で説得するんですよ（笑）。「黒い福音」の担当編集者で藤井さんの妹さんでもある宮田（大木）毬栄さんも、ララ物資の取材で、抜き身の日本刀を立てかけているような「ヤクザ」の親分に、戦争孤児たちに送られた物資を横流しするなんてどういう了見なんだ、と正論を大展開されていましたね（『追憶の作家たち』）。

取材対象者を論理でかきくどく、とにかくやってみる、ということに関して二人の女性編集者は、本気のすごみがあったのではないでしょうか。

一九六〇年代、昭和史の幕が上がる

保阪　結局、昭和史というのは、太平洋戦争をどう見るかにかかっていた気がします。昭和二十年まで、軍の政治関与や言論統制によって、一般の人は知らないことがたくさんありました。たとえば三月事件は、東京裁判で少し明らかになるけど、桜会や橋本欣五郎なんてみんな知らなかった。そういうものを松本さんが、全部世に出していったのが一九六〇年代ですね。一つの幕が上がり、舞台が開けた気がしました。

対米戦の勝敗論を物量の差に帰着させる語り方があります。あれだけ圧倒的な物量の差があったのによく戦争なんてやったな、という。高度経済成長期下の論理です。戦争にはそこに収まらない精神や戦略といった不可思議な要素もあるのに、それを捨象して経済の枠組みだけで昭和史を見る。松本さんはその見方を解きほぐしたと思いますね。

加藤　反論ではなく解きほぐすですか？

保阪　具体化して事実を出すことで解きほぐした。解きほぐして天日にさらして見せたところがすごいと思う。

なぜ、あれほど物量差があったアメリカと戦争したのか、という問いは、あの戦争を考える入り口ではあっても、出口ではないと思います。実際戦争に関わった人で、この問いにいちばん的確に答えてくれたのは、企画院総裁を務めた鈴木貞一さんです。「バカ言え、物量がないから戦争したんだよ。差があるからやったんだよ。差がなかったらもっと違う方法があったよ」と（笑）。

加藤 なるほど。

保阪 この人は、「東條のごますり」などとも言われますが、そういう精神は確かにあったと思う。

松本さんは、従軍体験もあるし、全体的な状況を理解する素養と目があったのでしょうね。旧制高校や旧制大学を出た人には持てない視点があります。軍の持つ不合理性を超えたところにあるものを松本さんは見ている。軍には案外、バランス感覚というと語弊があるけど、ある種の平等性があります。松本さんがそういう軍のあり方を提示したとき、初め僕は抵抗を覚えたけど、よく考えるとその通りです。松本さんは、さらにそこを超えていくことを、のちの「史観・宰相論」などで期していたと思いますが。

加藤 今のお話、すごく面白いです。高度経済成長期には実際にアメリカを訪れた人もたくさんいて、ある意味で、平場の議論で、物量差の実態暴露がおおいに論じられました。ただし、「昭和史発掘」には、いわゆる物資動員計画や、大蔵省といった議論はあまり出てきません。

そこをつなぐ論理で私が考えるのは〈リアリティ〉ということです。たとえば、我々は青年将校の蹶起趣意書を読んで、こんな考えで国体が変えられる、転覆できる、天皇が自分たちを支持してくれると思ったのかと、その精神性や知性を疑い、幼稚だとみなします。しかし、松本清張さんは「二・二六事件」の後半で青年将校たちの宮城占拠計画について記しますね。藤井さんが発掘した橋本虎之助資料によって、中橋基明中尉率いる第七中隊が宮城を占拠する大胆な計画を持っていたらしいと分かった。しかし、天皇制にとっても軍の責任を追及する裁判側にとっても、彼らは深い考えのない未熟な人たちで済ませた方が楽です。

保阪　たしかに、そうですね。

加藤　物量から論じる高度経済成長期的なリアリティに対して、精神的なリアリティが提示されているのではないでしょうか。保阪さんも注目されていますが、たとえば橋本欣五郎の桜会のように、ある事件が世の中をがらっと変えてしまうことがあります。その精神がリアリティを持ってしまう事件。この裏にある計画を――それを残したくない人たちの中で消えそうになったものを――たとえば橋本虎之助資料から見つけてきて中橋隊の計画を表に出した。これが重要なことだと思います。

一九六〇年代に清張さんが昭和史を取り上げたことの意味は、そのようなところにも求められるのではないでしょうか。

保阪　「昭和史発掘」の中で「二・二六事件」がこれだけ長くなったのは松本さんの関心に応える資料を藤井さんが集めてきたというのが大きいのでしょうね。資料をこれだけ紹介しながら、でも松本さんは青年将校を断罪しません。

加藤　面白いですよね。

保阪 世代の近さ以上に、別の面があったと思います。

加藤 おおかたの論じ方が、感情移入して書くか、断罪して書くかだった頃、冷静に書かれています。

保阪 二・二六にはからくりというか、トリッキーなところがあって、法廷の記述などで、そういうところを明るみに出そうとする松本さんのエネルギーを感じます。青年将校はその舞台で踊らされるピエロになってしまった。そのことに対する松本さんの同情、ささやかな連帯を感じます。不思議な本ですよ。

田中 それまでの二・二六論は、主に青年将校側が残した多くの資料に拠っていました。しかし、藤井も書いているように、連れて行かれた下士官兵の存在に目を向け、丁寧に話を聞いていったことも、青年将校への感情移入／断罪で終わらない大きな要因になったかと思います。

社会からの広範な支持

加藤 今の指摘は、「昭和史発掘」が当時たいへんよく読まれたということにつながるお話かと思います。

現在、歴史もので売れるのは「日本スゴイ」系の歴史修正主義本が多いと聞きますが（笑）、ある意味、権力のテロを書いて日本を断罪した本がこれだけ売れたというのはどのように理解すればよいのでしょうか。

田中　つい先日、文春文庫における松本清張作品の累計刷り部数ベスト5を調べる機会がありました。
一位は『昭和史発掘』でシリーズ累計二百三十一万二千五百部。二位、『西海道談綺』シリーズ累計九十九万一千部。三位、『日本の黒い霧』累計九十六万一千部。四位、『波の塔』累計八十一万五百部。五位、『球形の荒野』累計七十九万六千部。（二〇二二年九月現在）旧版十三巻、新装版九巻合算で『昭和史発掘』が圧倒的一位です。もちろん、シリーズ累計なので一冊ごとに割るともっとも多く売れた文庫ではないのですが……。
保阪・加藤　すごい!!　二百万部超え。
加藤　宣伝しないと（笑）。風間完さんの挿絵も良いですしね。広く読まれたことがデータで裏付けられます。
保阪　二・二六事件をはじめ、なんとなくは知っているけど、実際のところは分からない。そういう素朴な社会的欲求不満に松本さんがきちんと応えたということでしょうね。やはり先駆的ですよ。このときに出てきた資料が、今も有効性を持っています。
松本さんが二・二六を通して本当に言いたかったのは、青年将校たちがなぜああいうことをやったのか、そのからくり、彼らの精神構造、ということだと思うけど、資料ではなかなか近づけない。そのもどかしさのようなものも、読んでいて感じました。
加藤　それはどのようなところで思われたのですか？

保阪　たとえば、同年生まれの太宰治や埴谷雄高、大岡昇平などは、二・二六なんか書きません。そんなものは、自分たちの知的空間には関係ない。軍、あるいは暴力そのものから一線を引いて、自分たちとは違う世界だと忌避しています。

これに対して松本さんは、自分が兵隊となって見てきたその目で二・二六に、世の中に、歴史に、何かを突きつけているのだと思いますね。

加藤　先ほどの下士官兵への注目につながりますね。命令服従するしかなかった層、声を持たない層に声を与えたということ。それが、多くの読者に支持されたということですね。

もう一つ「昭和史発掘」が多くの人の〈実感的昭和史〉たりえたことについて、私の考えていることをお話ししますと、戒厳司令部など、将校を取り調べる側の声も代弁したという点があると思います。青年将校や下士官兵、担がれた政府高官、退官軍人たちを、彼らがどう調べたか克明に記していきます。

加えて重要なのは、下士官兵への注目というところで、必任義務、すなわち徴兵制を取っていた当時の日本であり、兵士が上官の命令に絶対服従でなければならないとしたとき、上官の「間違った」命令に従って参加した兵士を厳罰に処分すれば、それは民情が許さない。日中戦争が始まる直前でもあり、兵士には、ある意味で、快く天皇のために亡くなってもらわなければならないし、彼らの家族にもそれを受け入れてもらわなければならない。軍隊の根幹である彼ら下士官兵という苗床が、荒らされては困るわけです。苗床が荒れないよう、どうしたら国民が納得できる裁判の論理を作れるのか。

これは今考えても面白い議論です。それを資料収集、取材を担った藤井さんに、執筆の清張さんという、共同作業で見事に実現されたのだな、と思います。

保阪 本当に、資料に関してはあの段階で最高のもの、あそこまでよくやったな、というものが集められていますね。そのあとも、散発的にちょこちょことは出てきますが。

加藤 これ以降、あまり新しいものは出ていないと言ってよいでしょうか？

保阪 基本的なところでは、出てこないですね。

天皇／天皇制への態度

保阪 松本さんは、天皇に触れることを敢えて避けていると思います。真正面からは論じない。

松本さんの世代が天皇を論じるときには、いくつかの立場があります。一番素朴なのは軍隊経験者による軍の天皇像。それから、旧制高校出身者などのインテリが「天ちゃん」なんて呼ぶ感じのもの。これらに対し、普通の庶民はそれほどの自覚や主体性なく天皇を捉えていました。こうしたパターンのなかで、やがて軍の天皇像がこの国全体を覆っていきました。

松本さんは、軍の目も庶民の目も持っていたけど、今挙げた三つの視点のどれにも立脚していません。

松本さんが共産党に寛容だったのは、天皇について自分が口にしないことを共産党が代弁すると考えたのではないか、と思うこともありますが、よくは分からない。共産党の天皇観に賛成反対は別として、意見としてはあり得るという理解が、共産党へのアプローチの近さになった気がします。

加藤　創価学会と共産党との間の一九七四年の、いわゆる創共合意協定の裏で動かれたりもされます。自分の代わりに明確なことを言ってくれる人へのリスペクトはあるが、どの立場からも言挙げしない。

保阪　天皇は論じるべき対象ですが、軽々に天皇のことを言う人たちはあまり信用できませんね（笑）。そういう人たちは天皇に逃げる。

加藤　なるほど。〈――のせい〉にしてしまう。

保阪　自分の脆弱な論理、思考の浅さを天皇で逃げる。その逃げ方が日本社会のある種の暴力性に直結することがあります。

松本さんはそうせず、天皇については、私の作品を読んで、それぞれが考えてください、という立場ではないでしょうか。

加藤　それは面白いです。緩さの中に大きな知性がある。

天皇に関しては保阪さんが、「二・二六事件の叛乱将校に憤激した天皇も、事件後は軍部の妖性の前に無力化した。それが天皇制の本質というものである」（「二・二六事件」五〈終章〉）という清張さん自身の言及に注目されています。

天皇／天皇制を分ける形について申しますと、美濃部達吉の天皇観にやや近くなりそうです。弾圧されたインテリということで近くなるのかもしれませんが。

一九四六年、丸山眞男は「超国家主義の論理と心理」の執筆にあたり、少年期以来の昭和天皇に対する「思い入れ」を断ち切ることを自らに説得しつつ書いたと言っています。丸山でさえ、それだけの精神的な呪縛を受けていた。天皇の中立性、権力はないが権威であるという呪縛です。天皇の中立性は、一見非政治性に見えます。では、その裏で誰が天皇を利用していたかといえば官僚です。とくに一九三六年、二・二六事件以降は、軍の官僚でした。彼らは、「天皇親政」と称しながら、自らの専制政治を行うのです。ただ、このような議論を「昭和史発掘」で展開するのは困難です。それで、天皇について直接は触れないのかなとも思います。

保阪　松本さんの二・二六の青年将校に対する関心に、彼らの天皇と一体化する感覚を挙げられます。自分たちの行動は絶対的に天皇の信頼を得ているという一体感。軍の持つ、天皇とのこの関係性は不可解なものです。

加藤　確かに、不思議です。

保阪　自分とほぼ同じ世代の若者が、軍に入るとああなってしまうのはどういうことだ、というつぶやきが「二・二六事件」に出てきます。

加藤　藤井さんは、村中孝次について「村中の若書きは旧制高校生の日記と変わらぬ趣があった」（『松本清張の残像』）と書いていますが、事件後に投降を促された際の彼の反論などはそこから格段の差がありました。あの村中がこうなる。では、そういう村中を作ったのはどのような時間であったのか、空間だったのかという問いが松本清張さんにあったし、藤井さんの中にもあったと思います。

保阪　吉田満が「戦艦大和ノ最期」で書いているけど、兵学校出身の将校と学徒出身の士官が自分たちは何のために死ぬのか、国体・国家論、天皇論をめぐって殴り合いのケンカをするでしょう。殴り合うほどの天皇観や国体論、ああいうのを読んだ松本さんの反応を知りたいですね。

加藤　エリートへのまなざしですね。「京都大学の墓碑銘」に、清張さんが大岡昇平の「武蔵野夫人」を挙げて、フランス文学を専攻する大学教授の男が姦通罪の廃止で気楽な気持ちになる描写を「犯罪統計を知らない作家の空想にすぎない」と断じているところがあります。大岡に「日本の黒い霧」を「ロマンチックな推理」と批判された（「松本清張批判」）ことへのある種の反応なのでしょうか、面白く読みました。

大岡昇平は学徒出陣組の吉田満とはまた違いますが、学者さんはこういう統計もご存知ないのか、という皮肉を感じます。藤井さんがおっしゃるように「日本の黒い霧」は松本清張さんがご自分で調査していたわけですから、観念的なエリートの見方とはやはり距離があったのだろうと思います。

「昭和史発掘」三つのパターン

保阪　「昭和史発掘」にも、新しい資料が出てきて、違う見方がされるようになったものもあります。たとえば、五・一五事件は松本さんが書いたものは、やはりあの段階のもので、その後、血盟団関係の資料や裁判資料も出てきました。

「昭和史発掘」は、三つのパターンに分析できます。

1　定本になってずっと残るもの。

2　視点がシャープで、同時代のひとの見方を代弁するもの。

3　今は新資料で違った見方がされているが、書かれた時代の証言になっているもの。

二・二六はやはり1の普遍的に残るものです。五・一五は3の時代の証言になるのではないでしょうか。

田中　2の〝シャープな視点〟、それが松本清張の史観・史眼ということになりますか。

保阪　そうですね、小説なら「球形の荒野」のようかな。ああいう視点の小説をどうして思いつくんだろうと、びっくりしますね。そういうものが「昭和史発掘」の中にもあります。佐分利公使の問題なんて今も整理されていません。松本さんの言うことはもっともです。ただ「日本の黒い霧」は、やや牽強付会に過ぎる面があったのでしょうね。

加藤　ＧＨＱ陰謀史観になっていると。

保阪　ええ。だから「昭和史発掘」は今でも通用するけど、「日本の黒い霧」は退行している印象です。

田中　むしろ、3の〝時代の証言〟として面白い。

歴史を見通す力

加藤　2の〝シャープな視点〟、清張さんの史観・史眼というところで、二・二六事件が日本の敗戦に直接結びついているという見方、これはやはりすごいと思います。二つの結びつき方が考えられます。

一つは、敗戦時の八月十四日以降、叛乱将校もしくは降伏したくない人たちが再び宮城、すなわち皇居を占拠しようとしました。この発想は二・二六事件の中橋隊と同じで、一九三六年の事件が四五年夏に再来した。天皇はこの再来に先回りして、玉音盤なり、御前会議なりを自ら提案したということもできる。

もう一つは、澤地久枝さんらが見つけた「匂坂資料」にあるのですが、奉勅命令の発出を受けて投降を促す山下奉文らへ村中が「奉勅命令ト云フケレドモ、幕僚ノ作ツタモノデハナイデショウカ」と言います。幕僚の作文でも御裁可があれば勅命である、という答えに、村中は「敗戦ノ時分ニハドウナリマスカ」と重ねる。山下は「オ前ノ考ヘテ居ルコトハ、敗戦ノ時分ニ陛下ノ御命令デアルトスル〔ト〕陛下ニ御責任ガ及ブト云フ風ニ考ヘテ居ルノデハナイカ／日本軍ニ敗戦ト云フ事ガアルカ、必勝ノ信念ノナイ奴ダ」と、いかにも山下が言いそうなことを言い返します（『検察秘録二・二六事件Ⅳ匂坂資料8』）。

つまり村中が提起した命題は、敗戦の詔書が出された場合、天皇に責任が及ぶのではないか、その詔書に軍隊は従うべきなのかというものです。一九三六年二月二十八日のことです。

「昭和史発掘」が二・二六で筆を擱《お》くのは、清張さんの青春時代がそこで終焉するからというのが私の説ですが、もう一つには三六年を書くと四五年まで見通せるということもあったのだと思います。この史観はやはりすごいと思います。

保阪　同感ですね。二・二六を通して、その後の歴史は見えている。昭和二十年の敗戦まで、九年間の構図が見えるということだと思います。

同時代の視点、歴史の視点

保阪　僕はいろいろなところで、近代史七十七年説を唱えています。明治が始まる慶応四年から昭和二十年まで七十七年、昭和二十年九月から二〇二二年までがまた七十七年です。昭和二十年を境に七十七年ずつ経ちました。
日本の現代史は近代史を教訓としながら同時代の目で語り継いできたけど、これからは歴史の目に入っていく。その時、同時代史では残るものと残らないものが自然に淘汰されると思います。松本さんのものは、もちろん残る側です。同時代を扱っていても、歴史的な視点につながるものは自然と残ります。歴史に残る書き手は、同時代の視点と歴史の視点の二つを意識している。松本さんの本にはそれがあると思う。これからは、基礎的な文献の役割を担っていくのではないでしょうか。

たとえば、僕が「二・二六を知りたいけど何を読めばいい?」と聞かれたら、まず高橋正衛さんの『二・二六事件　増補改版』(中公新書)を薦めます。「昭和史発掘」はそういう入り口から一段ステップアップしたところにある本ですね。これからは、松本さんの本がより手に取られなければならないと思う。若い人が、入門書を読んで基本的なことを頭に入れた後、さて次へ進もう、という時に必ず松本さんと出会う。そういうことだと思います。

加藤　明治維新から七十七年、戦後から七十七年という歴史のターンにあたり、「昭和史発掘」は安心して読むことができるというお墨付きがまずある。

私からは、保阪さんが以前に指摘されて、今おっしゃらなかったことを補足します。ファシズムはデモクラシーの後についてくる、ということです。日々を生きるのに精一杯の国民が、まどろんでいるような世相の裏で、実は権力のテロが横行していたのです。「三・一五共産党検挙」や「スパイ〝M〟の謀略」を読むと、「戦旗」「文藝戦線」といった雑誌の読者、いわゆる「主義者」とされた人たちを権力がいかに追い回していたのかが分かります。このような人たちが一斉に捕らえられていったことから分かるのは、百の議論より、ある日突然発生した事件が情勢を決してしまうという清張さんの警告です。

戦後、我々は隣国の中国や朝鮮半島、東南アジアの国々と経済以外の言葉を紡ぎあぐねてきました。日中国交正常化五十周年といっても、さしたる言葉を生み出せていません。田中角栄総理大臣と大平正芳外務大臣の個人的な奮闘や、その裏で働いていた外務省の栗山尚一さんの回想など、そのような話しか外交の知恵として蓄積されていないですね。

戦後、戦間期――〈戦前〉になってはダメですが――その独自の思想をアジア諸国と結べずにいる今、やはり百の議論よりある日突然発生した事件が情勢を決してしまう、という清張さんの言葉が強く響きます。

保阪　たしかにね。

加藤　私は二〇一三年頃に、東京大学のゼミで「昭和史発掘」を学生と一緒に講読しましたが、とてもしっかりと背景となる歴史を資料からおさえたり、一人一人が担当を決めて報告をするのです。芥川龍之介や谷崎潤一郎と佐藤春夫を選ぶ学生もいれば、スパイ〝M〟や三・一五事件が選ばれたり。学生と読むのは面白かったです。

保阪　スパイ〝M〟のことなどは、もっときちんと読まなければいけないですね。

松本さんの前に松本さんはいないし、松本さんの後にもやはり松本さんはいない。もちろん松本さんはもう歩みを進めることはできないけど、我々が読むという行為を通じて松本さんが作った道をつないでいくことはできます。読むことで、時代の遺産、国家的な遺産をつないでいくということです。

「昭和史発掘」はそれだけの内容を持つ本ですね。

安倍元首相銃撃事件と戦前のテロリズム

加藤　安倍元首相の銃撃事件では、それこそ「昭和史発掘」で書かれる戦前のテロが連想され、保阪さんには取材が殺到したと思いますが、いかがですか。

保阪　僕はあの事件を聞いて、瞬間的に三つの設問が浮かびました。まず、何歳の人間がやったのか。次に、何を手段にやったのか。最後に、檄文を残しているのか。

二十代前後なら鉄砲玉です。誰かに言われた、あるいは示唆されてやったのだろう。ところが四十一歳というから、自立した自分の考えでやったのだろうと思いました。しかも、凶器は手製の拳銃というから本気だと。檄文はなかったけど、手紙を残していましたよね。

加藤　SNSにも言及があったようです。

保阪　だからこれは、昭和初期の二十歳前後の青年をテロリストに仕立て上げて、その後ろに右翼運動の指導者が控えているという構図とは違う。自立した本気のテロだと思いました。逆に言うと、こういうテロの方が怖いですね。

加藤　予測がつかない。ただ、家族や家制度の問題を政策の上位に置いていた政治家、宗教に身も心も奪われた家族への苦しみから、その政治家を狙ったとすると、歴史としての因果関係はありますね。

保阪　昭和初期のテロは連鎖していきますが、根っこは同じグループです。一九三一年八月二十六日、郷詩会の会合に集まった連中が競い合うように実行していきます。テロリストグループがあったということですね。

加藤　なるほど。

保阪　今回は連鎖しないだろうけど、こういうテロの方が怖いです。彼の本気には、絶対引けない理由があるのだろうと。実際あったわけですが。松本さんは、こういうテロについてはあまり書かないのではないでしょうか。

加藤　もしかしたら、権力者を虜《とりこ》にする新興宗教というアプローチから関心を持ったかもしれませんね。

　旧統一教会の自民党への食い込み方。そのマスターが、岸信介、安倍晋太郎、安倍晋三へと連綿と受け継がれてきた恐ろしさは、「木戸幸一日記」にも出てくる島津ハル事件の神政龍神会を彷彿とさせます。権力の中枢を押さえる宗教についての恐怖を描いた「神々の乱心」の世界は禍々しいです。

保阪　安倍さんの事件では、容疑者を義侠扱いする人たちがすでに出ています。五・一五がとくにそうでしたが、テロが義侠扱いされる危険性はいくら口で論じても意味がありません。そういう人たちは、人の話に聞く耳を持たない。こういう世界が進むとテロが連続化してしまいます。テロの連続化を防ぐためには、事件の本質を見極め、徹底的に分析することです。そして関係性を切断していく。

加藤　きちんとした捜査と聴取と裁判がなされなければいけません。

現在を〈戦前〉にしないために

加藤　今も続くロシアのウクライナ侵攻ですが、私はやはり日中戦争期の日本と中国を想起します。ロシアは「戦争」と銘打ちたくないので「特別軍事作戦」と称していますが、かつての日本も、アメリカで中立法が発動されるのを嫌って、宣戦布告をせずに戦争状態へ入りました。しかも、相手は一撃で参るだろうなどと考えていたところも今のロシアに通じます。

このロシアの迂闊さに対して、二〇一四年クリミアを失って以降、二二年まで八年間にわたるウクライナの周到な準備は、一九三三年熱河作戦以降の中華民国の蔣介石の準備と本当に似ています。つまり、日清戦争や熱河作戦での中国の戦いぶりを見て過小評価をしていた日本は、ナショナリズムのもと周到に準備していた当時の中国に緒戦の戦闘で勝つことができなかったのです。ウクライナ侵攻を見ると、歴史的な視点は大事だと思います。

保阪　そうですね、視点を移動させることで、現在が昭和とは異なるもう一つの〈戦前〉だと考えることも確かに可能です。そうならないためには、結果的に「あの時は〈戦前〉だった」と言われないようにするしかない。

これは一つの政治的な意見になるけど、歴史修正主義的な考え方は問題ですね。僕は初め、それを知らなかったけど、十年ほど前に講演した時、一番前に座っていた若者から「保阪さんの話は、アメリカにだまされた歴史です」と言われましてね（笑）。

加藤　なんと……。

保阪　その人に読んでいる本を尋ねて、「今あなたの質問には答えない。別にこういう本も読んで知識を再構築してから質問し直してください」と返しましたが、その時はびっくりしましたよ。張作霖の爆殺は日本の関東軍じゃなくて、コミンテルンがやったとかなんとか、って。

加藤　そういう本、ありますね（笑）。

保阪　僕は最近お目にかかってないけど、層としてはかなり増えているようです。そういう人にこそ、松本さんの本を読んでほしい。読む力がない人は、歴史を自分の精神的なカタルシスに使って、とんでもない陰謀論に囚われたりします。

加藤　そこに関わると思うのですが、流言蜚語《ひご》、デマ、佯言《ようげん》、そういうものを権力の側が意図的に流すこともある。これはどこか頭のすみに憶えておいて欲しいですね。それが、二〇二一年一月六日のアメリカ合衆国議会議事堂襲撃事件で明らかになりました。トランプ前大統領が「選挙は盗まれた」と根拠のない主張をSNS上で繰り返し、支持者を煽りました。

権力が佯言、デマを操作するということで、私が改めて感じ入ったのは、新装版『昭和史発掘』一巻に収録されている「朴烈大逆事件」の回です。関東大震災の折の朝鮮人虐殺について、一部の軍や警察がデマにお墨付きを与えるような行動をとったことは分かっていましたが、ここではさらに当時の内務大臣が水野錬太郎、後藤新平だったことに触れ、山辺健太郎さんの次のような説を取り上げています。

民衆暴動の怖ろしさを知っている点と、植民地統治をやった経験も両者共通であった。こんな怖ろしい連中が震災当時の内務大臣であったから、朝鮮人もたまったものではない。朝鮮人虐殺をけしかけたのは、食糧暴動のおこるのをふせぐため、民族憎悪の感情をかきたてて、政府にむかう民衆の反抗を朝鮮人に向けたものであろう（「朴烈大逆事件」）

たしかに言えることは、当時の内務省の官僚は、朝鮮、台湾、満州の地方行政を統治するため異動があったということです。長野県知事だった人が、次は満州国の移民受入れの部長を務めたりする。すると長野からの移民送出が急に増えたりする。つまり、人的なネットワークがあるわけですね。そうであれば、植民地統治経験のある官僚が一九二三年九月の東京にいたら……。「これは、危ないな」と事前に動きをとろうと考えることもあるでしょう。こういう類いのことを権力はやり得るということを、今改めて見ておくことが大事だと思います。

保阪　そうですね。

加藤　再び旧統一教会の話になってしまいますが、なぜ、歴代の自民党政権が選択的夫婦別姓にあれほど強硬に反対するのか。法制審議会を通った法案が国会に提出されないのは極めて異例なことなのです。異様な覆り方です。自民党の中でも野田聖子議員などは、夫婦別姓に関する世論調査方法について、長期統計のはずなのに急に回答の選択肢を増やし、積極的賛成の比率を下げる結果を招いたことへ異議を唱えていました。誰の意向でそのようなことがなされたのかは永遠の謎ですが、権力とはそういうことを考える。

そのような権力の裏面がシビアに問い掛けられていて、この関東大震災時の裏の解釈が私は興味深かったです。

国民全体の学問としての歴史

加藤　清張さんは一九七六年、「清張通史」の連載にあたり、こんな発言をされています。「歴史という学問が専門家の独占になってはいけない。学問は国民全部のものですよ」(「東京新聞」一九七五年十二月十四日)

清張さんは、近代史よりもある意味で大胆に夢を語れる古代史の分野で議論を興しましたね。休日ごとに遺跡発掘現場へ行っていつも眺めているような方、そのような方々が大事なものを見つけることがあります。

〈国民全体の学問としての歴史〉ということに関して、最近の動きでご報告したいことがあります。「みんなで翻刻」という活動です。国立歴史民俗博物館、東京大学地震研究所、京都大学古地震研究会などを中心に、多くの人々が史料の翻刻に参加することで、歴史資料の解読を一挙に推し進めようというプロジェクトです。つまり、歴史の専門家と市民が史料のサプライチェーンを構築しながらビッグデータを積み上げていく試みとでもいうのでしょうか。

たとえば、大規模な地震を経験した神戸大学や東北大学では、被災資料のレスキューを行っています。史料には近世期のものから近代史までさまざまあるのですが、こうした救助史料を参加者がＡＩの解読ソフトやオンライン上のコミュニティ機能を利用しつつ読み込み、翻刻していきます。YouTubeなどの動画サイトでは、サミットや研究集会、実例報告なども行われているようです。そういうものを視聴して、また自分たちの読みにフィードバックしたりする。ここに参加する若い方の男女比率はなんと半々だそうです。古いイメージかもしれませんが、半藤一利さんや保阪さん、私などが講演会で昭和史のお話をしたりすると、聞き手は中高年男性が九割ということもありました。

田中　その実感からすると、女性の参加者が増えてきたのですね。

加藤　私はこの取り組みを国立歴史民俗博物館の橋本雄太准教授の学会報告で聞いたのですが、驚きました。二万人くらいは登録しているのかな。まだまだ少ないですが、歴史資料に関して「うちのおじいちゃん、おばあちゃんの家からこんなものが出てきました」とか、「ちょっと読めないけど、ドキュメントをアップするので皆さん読んでみてください」とか、そういうことが可能になりつつある時代です。

二・二六事件に関しても、藤井さんや澤地さんが調べられたときには、どうしても関東中心でした。その後東京地検で確認された特設軍法会議の公式記録は国立公文書館に移管され、現在は丸善雄松堂からオンライン版で販売されています。ところが今後は、自分が筆耕したこの資料は無料提供でいいからウェブで共有します、といった動きが全国津々浦々からあり得るわけです。すごいことです。

保阪 〈国民全体の学問としての歴史〉ということについて、松本さんの視角を考えてみたいですね。何かのインタビューで、古代史と現代史に仕事が集中していることを尋ねられた松本さんは、古代史も現代史もはっきりしていない、そういうところへ入っていくのが自分はいい、という回答をしていました。

この答えを敷衍すると、やはり、先駆者となって道筋をつけたい、というプライドにつながると思います。しかも、それは学問の世界ではなく、まずジャーナリズムでやるのだと。そこからアカデミズムも引っ張っていく、そんなことも含められているのではないかと思いました。先ほどの文春文庫の販売部数も示すように、結果的にもそうなっていますしね。

田中 古代史と現代史という選択について、先ほど保阪さんからご指摘のあった天皇制への態度を媒介項にした仮説です。

やはり「昭和史発掘」、とくに「二・二六事件」の執筆を通じて、松本清張のなかで天皇制が問題として立ち上がってきたのではないでしょうか。生身の昭和天皇について同時代人として思う気持ちももちろんあったでしょうし、天皇制自体については真っ向から否定もしていませんが。

そもそも〈天皇／天皇制〉とはどういうことか、この疑問が清張を古代史に向かわせた要因の一つではないか。現代史で見出された天皇制への関心が、古代天皇制の研究へさかのぼることになったのではないかと思います。

加藤　なるほど。

田中　そもそもから見直すということで、その後の仕事が古代史へ向かっていくのではないでしょうか。

加藤　視点を限定せずに広い視野で天皇をさまざまな角度から捉えるということですね。確かに、さすがです。

取材、資料収集の現場から

田中　ではここで、すでに名前は登場しておりますが、文藝春秋の元編集者で「昭和史発掘」の取材と資料収集を担当した藤井康栄に電話をつなぎます。

本日は藤井もぜひ参加して、保阪さん、加藤さんのお話をうかがいたいと申しておりましたが、体調の関係で叶わず、電話での参加で失礼します。

加藤　藤井さん、加藤陽子です。ご無沙汰しております。今日はよろしくお願いします。

藤井　今日はぜひ、お目にかかりたかったのに残念です。

加藤　また、コロナ後にゆっくりお話いたしましょう。

質問を受けてくださるとのこと、ありがとうございます。まず、私からお尋ねします。

今日、私は藤井さんにたくさん言及したのですが、どうしても気になっていることがあります。

ご著書『松本清張の残像』の最後のところです。


松本清張はなんの脈絡もなく「歴史家になりたかった」と、唐突にいった。そして、「〇〇〇〇くらいにはなれたと思うか？」と訊いてきた。高名な歴史家の名前だった。

この「高名な歴史家」は、いったいどなたなのでしょうか？　教えていただけますか。江上波夫、和歌森太郎、井上清、遠山茂樹、藤原彰、今井清一――いろいろ考えたのですが。
藤井　……坂本先生でした。
加藤　あ、坂本太郎!!　すごい、そうか。古代史の坂本太郎先生ですね。古代史の王道をいった東京大学の教授です。面白い。
では次、保阪さんからうかがいます。
保阪　保阪正康です、ご無沙汰しております。
資料集めに際しては、断られることもあったと思いますが、どうされていましたか？　断られたところから始まる、とか。

藤井　私、あまり粘り強くないんですよ（笑）。どうしてもお断りという方には、その場では「東京から来たのですがダメですか……、それでは失礼します」とか、あまり踏み込まず、しばらく経ってから「お気持ちに変わりございませんか」という手紙を書いてみたり、近くまで来たのでお寄りしてみました、とか。いろいろなケースがありました。

保阪　なるほどね。ありがとうございます。

加藤　保阪さんのもう一つのご質問は、松本清張先生のこの資料を探してほしいというご依頼に、プロフェッショナルである藤井さんがどうしても応えられなかったということがありましたか、というものです。

藤井　それが、こういうものを探してくれ、ということは一度もありませんでした。

一同　えー!!

藤井　私が先行取材するときは、完全に集まる資料でやってらっしゃいました。

加藤　あらためて、藤井さんはすごい……。

保阪　すごいですね。

藤井　無理難題をふっかけられたことは本当にないんです。

加藤　それで「ありがとう。いやなことは一度もなかったね」（『松本清張の残像』）となるのですね。

藤井　そのとおりです。良い資料を届けたときの楽しそうなお顔は忘れられません。テーブルのこちら側から私が資料をお渡しすると、それを開けてご覧になった途端ほっぺたが緩んでね（笑）。

加藤　楽しいのでしょうね、かわいらしい（笑）。

稀有な作家と、編集者でもあり研究者でもあった藤井さんが成し遂げた世にも稀な作品ということですね。

藤井さんや妹の毬栄さんのような方に、清張さんが大事な取材を「じゃあ、やってみて」と託されたのは、当時まだ少なかった女性編集者にも偏見を持たず、その人の才能を見込んで引き出したということでしょうね。取材者としての才能を見極めたというか。

藤井　見極めるということでは、面白い方です。たいへんな近眼でらして、人の顔をご覧になるときは、ぐーっと顔を近づけられます。三十センチメートルくらいまで近づいて（笑）。

一同　（爆笑）

加藤　ジーッとご覧になる（笑）。この人はどんな感じで調査してきて報告するのかなあ、と観察されていたのでしょうかね。

藤井　絵も、写真もお上手で、いろいろな関心があったのでしょうね、相手の人にも。初めて連れて行く人には、必ず玄関でぐっと顔を近づけられるので、怖がるといけないから事前に注意するようにしていました（笑）。

加藤　そうですよね。怖がられたら、清張先生傷ついちゃいますよね（笑）。

保阪　ありがとうございます。今日は楽しかったです。

（かとう・ようこ、東京大学大学院教授）
（たなか・みつこ、文藝春秋文藝出版局第一文藝部部長）
（ふじい・やすえ、松本清張記念館名誉館長）
（二〇二二年九月二十八日）

関連年表

年号	年齢	松本清張年譜	主な社会的事件
明治四十二年（一九〇九）		福岡県企救郡板櫃村（現・北九州市小倉北区）に松本峯太郎・岡田タニの長男として出生（十二月二十一日）。本名は清張（きよはる）。	伊藤博文暗殺事件（十月）。
明治四十三年（一九一〇）	一歳	山口県下関市旧壇ノ浦に移る。	大逆事件の検挙開始（五月）、韓国併合に関する日韓条約調印（八月）。
大正三年（一九一四）	五歳		第一次世界大戦勃発（七月）。
大正五年（一九一六）	七歳	下関市立菁莪尋常小学校入学。	
大正六年（一九一七）	八歳	小倉市に移ったため、小倉市立天神島尋常小学校に転校。	ロシアに世界初の社会主義国が成立（十一月）。
大正十年（一九二一）	十二歳		宮内庁、宮中某重大事件につき、皇太子妃の婚約に変更なしと発表（二月）。ワシントン軍縮会議開催（十一月）。
大正十一年（一九二二）	十三歳	小倉市立板櫃尋常高等小学校高等科に入学。夜間の簿記学校に通う。	

大正十三年（一九二四）	十五歳	同校卒業。職業紹介所を通じて、川北電気株式会社小倉出張所の給仕に採用される。この頃より文芸書に親しむ。	
昭和二年（一九二七）	十八歳	不況による川北電気の人員整理で失業。	芥川龍之介自殺（七月）。
昭和三年（一九二八）	十九歳	小倉市の高崎印刷所に石版印刷所の見習として就職。同年、さらに別の石版印刷所に移る。	三・一五事件（三月）。張作霖爆殺事件（六月）。
昭和四年（一九二九）	二十歳	文学仲間がプロレタリア文芸雑誌を講読していたために警察に検挙され、十数日間拘留される。このため父は蔵書を焼き、読書を禁じた。	世界恐慌（十月）。
昭和五年（一九三〇）	二十一歳	徴兵検査を受け、第二乙種補充兵。	ロンドン軍縮会議（一月）。浜口雄幸首相が右翼に襲われ重傷（十一月）。
昭和六年（一九三一）	二十二歳	勤めていた印刷所が倒産し、高崎印刷所に戻る。	三月事件。満州事変（九月）。十月事件。
昭和七年（一九三二）	二十三歳		第一次上海事変（一月）。満州国建国宣言、血盟団事件（三月）。五・一五事件（五月）。
昭和八年（一九三三）	二十四歳	福岡市のオフセット印刷所に見習として就職。	小林多喜二、虐殺される（二月）。日本、国際連盟を脱退（三月）。滝川事件（五月）。
昭和十年（一九三五）	二十六歳		政府、国体明徴に関する声明発表（八月）。相沢三郎による永田鉄山刺殺事件（八月）。

年号	年齢	松本清張年譜	主な社会的事件
昭和十一年（一九三六）	二十七歳	内田健次郎五女ナヲと結婚（十一月）。	二・二六事件（二月）。軍部大臣現役武官制復活（五月）。陸軍軍法会議で二・二六事件判決、十七人に死刑（七月）。
昭和十二年（一九三七）	二十八歳	印刷所を退職して自営の版下職人に（二月）。朝日新聞九州支社の広告部意匠係臨時嘱託として勤務（十月）。	盧溝橋事件、日中戦争勃発（七月）。陸軍軍法会議で北一輝、西田税に死刑判決（八月）。
昭和十三年（一九三八）	二十九歳		国家総動員法公布（四月）。張鼓峰事件（八月）。
昭和十四年（一九三九）	三十歳	朝日新聞九州支社広告部嘱託に。	ノモンハン事件（五月）。
昭和十五年（一九四〇）	三十一歳	朝日新聞社西部本社広告部常勤嘱託に。	日独伊三国同盟調印（九月）。
昭和十六年（一九四一）	三十二歳		ゾルゲ事件（十月）。太平洋戦争勃発（十二月）。
昭和十八年（一九四三）	三十四歳	朝日新聞社の正社員になる（一月）。教育召集として久留米第五十六師団歩兵第一四八連隊に三ヵ月入隊（十月）。	第一回学徒出陣（十二月）。
昭和十九年（一九四四）	三十五歳	臨時召集を受け、久留米の第八十六師団歩兵第一八七連隊に二等兵として入隊（六月）。第七十八連隊補充隊に転属。敗戦までを衛生兵として勤務。京城市外の竜山に駐屯、一等兵に進級。	東條内閣総辞職（七月）。レイテ沖海戦（十月）。

昭和二十年（一九四五）	三十六歳	歩兵第二九二連隊、第四二九連隊を経て、第一五〇師団軍医部付となり、全羅北道井邑に移る。衛生上等兵に進級（六月）。敗戦を井邑で迎える。本土送還で妻の実家に帰る（十月）。朝日新聞社に復職。	近衛文麿、敗戦の必至と共産革命の脅威を単独上奏（二月）。広島、長崎に原爆投下、ポツダム宣言受諾（八月）。降伏文書調印（九月）。
昭和二十一年（一九四六）	三十七歳	生活費を補うために箒の仲買いをはじめる。	天皇人間宣言（一月）。日本国憲法公布（十一月）。
昭和二十三年（一九四八）	三十九歳	朝日新聞社に勤務しながら、図案家として活躍。門司鉄道局主催の観光ポスターコンクールに応募し、以後常連となる。	帝銀事件（一月）。東京裁判判決（十一月）。
昭和二十四年（一九四九）	四十歳		下山事件、三鷹事件（七月）。松川事件（八月）。
昭和二十五年（一九五〇）	四十一歳	「週刊朝日」の〝百万人の小説〟に応募、「西郷札」が三等に入選。	朝鮮戦争勃発（六月）。警察予備隊令公布（八月）。
昭和二十六年（一九五一）	四十二歳	「西郷札」が第二十五回直木賞候補に。	サンフランシスコで対日講和条約調印（九月）。鹿地亘事件（十一月）。
昭和二十七年（一九五二）	四十三歳	「或る『小倉日記』伝」を「三田文学」に発表（九月）。	白鳥事件（一月）。日米安保条約発効、「もく星」号遭難事件（四月）。血のメーデー事件（五月）。

年号	年齢	松本清張年譜	主な社会的事件
昭和二十八年（一九五三）	四十四歳	直木賞候補となった「或る『小倉日記』伝」が芥川賞選考委員会に回付され、第二十八回芥川賞を受賞（一月）。朝日新聞東京本社に転勤、広告部意匠係主任として単身赴任。荻窪の親類の家に寄宿（十二月）。	ＮＨＫテレビ放送開始（二月）。
昭和二十九年（一九五四）	四十五歳	小倉から家族を呼び寄せ、練馬区へ転居（七月）。	日米相互防衛援助協定調印（三月）。防衛庁、自衛隊発足（七月）。
昭和三十年（一九五五）	四十六歳	『西郷札』（高山書院、十一月）。	自由民主党結成、保守合同（十一月）。
昭和三十一年（一九五六）	四十七歳	朝日新聞社を退社し文筆専業に（五月）。	日ソ共同宣言（十月）。
昭和三十三年（一九五八）	四十九歳	『点と線』『眼の壁』（光文社、二月）がベストセラーになり、社会派推理小説ブームを巻き起こす。	売春防止法施行（四月）。
昭和三十四年（一九五九）	五十歳	執筆量の限界に挑み、年の半ばに書痙となる。それ以後原稿は口述、清書されたものに加筆するという方法をとる。「小説帝銀事件」により、第十六回文藝春秋読者賞を受賞（七月）。『ゼロの焦点』（光文社、十二月）。	皇太子結婚式（四月）。安保改定デモ、国会突入（十一月）。
昭和三十五年（一九六〇）	五十一歳	「文藝春秋」一月号から十二月号に『日本の黒い霧』を連載し、「黒い霧」は流行語にもなる。	新安保条約成立（六月）。浅沼稲次郎社会党委員長刺殺事件（十月）。

昭和三十六年（一九六一）	五十二歳	国税庁発表の一九六〇年度所得額で作家部門の一位となり（五月）、以後ほとんど毎年納税額のトップを占める。杉並区高井戸に自宅を新築し、移転（九月）。この年度より直木賞の選考委員となる。『砂の器』（光文社、七月）、『わるいやつら』（新潮社、十一月）、『黒い福音』（中央公論社、十一月）。	風流夢譚事件（二月）。大阪釜ヶ崎で集団暴動（八月）。
昭和三十七年（一九六二）	五十三歳	『球形の荒野』（文藝春秋、一月）、『深層海流』（文藝春秋、十一月）、『時間の習俗』（光文社、十一月）。	常磐線三河島駅列車事故（五月）。
昭和三十八年（一九六三）	五十四歳	「象徴の設計」を歴史をゆがめる作品として批判した林房雄の「文芸時評」に対して、朝日新聞紙上で反論（六月）。『日本の黒い霧』『深層海流』『現代官僚論』などの業績により、第五回日本ジャーナリスト会議賞を受賞（八月）。	最高裁で松川事件再上告を棄却、全員無罪（九月）。最高裁で白鳥事件の有罪判決（十月）。
昭和三十九年（一九六四）	五十五歳	「週刊文春」七月六日号から『昭和史発掘』連載開始（〜昭和四十六年四月十二日号）。『けものみち』（新潮社、五月）。	東京オリンピック開催（十月）。
昭和四十年（一九六五）	五十六歳	『昭和史発掘』全十三巻の刊行はじまる（一月）。	米軍がベトナム北爆開始（二月）。日韓基本条約調印（六月）。
昭和四十一年（一九六六）	五十七歳	『私説・日本合戦譚』（文藝春秋、三月）、『半生の記』（河出書房、十月）。	ビートルズ来日（六月）。

年号	年齢	松本清張年譜	主な社会的事件
昭和四十二年（一九六七）	五十八歳	『昭和史発掘』『花水』『逃亡』などの作品と幅広い作家活動に対して、第一回吉川英治文学賞を受賞（三月）。	吉田茂元首相没（十月）。
昭和四十四年（一九六九）	六十歳	カッパ・ノベルスの著書が総計一千万部を突破。『小説東京帝国大学』（新潮社、十二月）。	東大安田講堂事件（一月）。
昭和四十五年（一九七〇）	六十一歳	『昭和史発掘』を軸とする意欲的な創作活動により、第十八回菊池寛賞を受賞（十月）。	日航「よど号」ハイジャック事件（三月）。
昭和四十六年（一九七一）	六十二歳	『松本清張全集』一期全三十八巻の刊行がはじまる（文藝春秋、四月）。	沖縄返還協定調印（六月）。
昭和四十七年（一九七二）	六十三歳	若い研究者の発表の場として「季刊現代史」を創刊（十月）。『喪失の儀礼』（新潮社、十一月）。	浅間山荘事件（二月）。沖縄本土復帰（五月）。日中国交樹立（九月）。
昭和四十九年（一九七四）	六十五歳	池田大作創価学会会長と宮本顕治共産党委員長の会談を松本宅で行う（十二月）。	佐藤栄作元首相、ノーベル平和賞受賞（十月）。
昭和五十年（一九七五）	六十六歳		ベトナム戦争終結（四月）。創価学会と日本共産党の和解成立が発表される（七月）。
昭和五十一年（一九七六）	六十七歳	『北一輝論』（講談社、二月）	

昭和五十五年（一九八〇）	七十一歳	「文藝春秋」一月号で、「創価学会 日本共産党十年協定の真実」を発表。「文藝春秋」八月号～十二月号で「私観・宰相論」を連載。	イラン・イラク戦争勃発（九月）。
昭和六十三年（一九八八）	七十九歳	体調を崩し東京女子医大病院に入院、視力も著しく低下する（十一月）。	リクルート事件が発覚（六月）。
平成元年（一九八九）	八十歳		昭和天皇崩御（一月）。ベルリンの壁崩壊（十一月）。
平成四年（一九九二）	八十三歳	脳出血で倒れ、東京女子医大病院に入院（四月）。手術は成功し、療養生活を送るが七月下旬、病状が急変し、検査の結果、肝臓癌と判明。八月四日に死去。	ＰＫＯ法案成立（六月）。

あとがき

私が物書きとして出発したのは、昭和四十七年一月であった。本書の中でも触れているのだが、昭和十二年に起こった奇妙な事件（いわゆる「死なう団事件」）を徹底して調べて一冊の書にまとめたのである。版元の社長が「松本清張氏の推薦文をもらえたら」と言って、知り合いのルートを通じてなんとか了解をもらった。飛ぶ鳥を落とす勢いの熟達の作家にゲラを読んでもらったか否か、定かには知らないがとにかく推薦文をもらうことができた。

三十代初めの物書きの卵のような存在には、体が震えるような感激を味わった。同時に私はこの時に二つの誓いを立てた。ひとつはこの作家の作品は全て読もうということであった。そしてもうひとつが、『昭和史発掘』に収められている作品のように歴史の表舞台で派手に動く事件や事象を追うだけではなく、年譜の一行に収まっている事件や事象の本質、背景を追いかけてみようと決めたのである。

清張史観はむろん二・二六事件のような大きな出来事でも遺憾なく発揮されているのだが、むしろ「スパイ〝M〟の謀略」や「芥川龍之介の死」、さらには「石田検事の怪死」などの取り上げ方に、昭和史の本質を見る視点があるように思えた。

私は「年表の一行を一冊に」と考えた時期があり、実際にそのような事件・事象について書いたことがある。そうした流れが、アナーキストの生態を書いた『農村青年社事件』、さらには戦後に高利貸しの会社を起こした光クラブの山崎晃嗣の人生などである。歴史の脇役の中に時代の本質が隠されていると考えたためでもあった。この系譜の作品は取材の困難さに加えて、プライバシーの関係などの制約もあって、多くの作品を発表することはできなかった。ただ歴史を俯瞰する時に大きな事件・事象もむろん押さえなければならないが、その周辺で起こっているさざみのような事件にも時代の本質が隠されていると、私は実感できた。

そういうことは松本清張の昭和史シリーズを丹念に読むことで理解することができた。そこで感じたことは、明治四十二年生まれのこの作家は、大正、昭和の歴史的事件には全て傍観者として見ていたことである。思想犯や政治犯として官憲と鋭く衝突したことはない（小事件はあったらしい）。それだからこそ、昭和史の本質を冷めた目で見ることができたのである。

その冷めた目の中に、ふと怒りの感情がこもっているのが、私には興味深い。それを読み取るのが清張史観との出会いである。

本書はかつて平凡社で刊行された『松本清張と昭和史』をベースに、第二部を新たに加えるなど大幅に改訂して刊行されることになった。中央公論新社ノンフィクション編集部の金澤智之氏にお世話になった。誠実に書をまとめ上げていくその仕事ぶりに、私は信頼を寄せている。改めて感謝したい。

第二部は北九州市の松本清張記念館の名誉館長である藤井康栄氏をはじめ、記念館の皆様にお世話になっている。諸氏の了解に改めてお礼を言いたい。

保阪正康

令和六年(二〇二四)一月一日

初出

第Ⅰ部
『松本清張と昭和史』（二〇〇六年、平凡社刊）に一部修正

第Ⅱ部
「多様なる松本清張の世界へ」『松本清張研究』第十九号（二〇一八年、松本清張記念館）に一部修正
「今読む『昭和史発掘』」『松本清張研究』第二十四号（二〇二三年、松本清張記念館）に一部修正

保阪正康（ほさか・まさやす）

1939年北海道生まれ。ノンフィクション作家、評論家。個人誌「昭和史講座」の刊行など一連の昭和史研究により、2004年菊池寛賞受賞。2017年、『ナショナリズムの昭和』で和辻哲郎文化賞を受賞。著書に『死なう団事件』『東條英機と天皇の時代』『五・一五事件』『瀬島龍三』『後藤田正晴』『秩父宮』『吉田茂』『あの戦争は何だったのか』『昭和の怪物　七つの謎』『風来記　わが昭和史』『Nの廻廊』など多数。

松本清張《まつもとせいちょう》の昭和史《しょうわし》

2024年２月25日　初版発行
2024年４月10日　再版発行

著　者　保《ほ》阪《さか》正《まさ》康《やす》
発行者　安部順一
発行所　中央公論新社
〒100-8152　東京都千代田区大手町1-7-1
電話　販売 03-5299-1730　編集 03-5299-1740
URL https://www.chuko.co.jp/

ＤＴＰ　今井明子
印　刷　大日本印刷
製　本　小泉製本

Published by CHUOKORON-SHINSHA, INC.
Printed in Japan　ISBN978-4-12-005752-6　C0021

好評既刊

歴史をうがつ眼

松本清張 著

司馬遼太郎との10時間も及んだ伝説の対談「日本の歴史と日本人」、青木和夫を相手に清張史学のエッセンスを語った表題作ほか、日本とは何かを問う歴史講演・対談集。単行本初収録三篇。

〈単行本〉

好評既刊

忘れられたBC級戦犯
ランソン事件秘録

玉居子精宏 著

1945年3月、日本軍が仏領インドシナ北部の町で多数の捕虜を殺害したランソン事件。その顚末と、裁きを受けた将校たちの思索を手掛かりに日本人が避けられない問題に向き合う。

〈単行本〉

好評既刊

完本 私の昭和史

二・二六事件異聞

末松太平 著

昭和維新運動の推進力であった「青年将校グループ」の中心にあった著者が、自らの体験を克明に綴った昭和史の第一級史料。関連文書などを増補した決定版。

〈解説〉筒井清忠

〈単行本〉